AF219461

Von der Sucht, andere zu bevormunden

Von der Sucht, andere zu bevormunden

Ein spannendes Sachbuch, das nicht jedem gefällt
von Ralf Neitzel

Bibliografische Information der Deutschen Nationalbibliothek:
Die Deutsche Nationalbibliothek verzeichnet diese Publikation
in der Deutschen Nationalbibliografie; detaillierte bibliografische
Daten sind im Internet über http://dnb.dnb.de abrufbar.

Von der Sucht, andere zu bevormunden
©2020 Ralf Neitzel

Herstellung und Verlag: BoD – Books on Demand, Norderstedt

ISBN 9783751904179

Inhaltsverzeichnis

Vorwort

Warum schreibe ich dieses Buch?

Als freiheitsliebender Mensch bin ich hochsensibel für fremde Eingriffe, so will ich sie mal nennen, in meine Lebensweise. Eingriffe in meine persönliche und, wenn ich mich mit geschärften Sinnen so umsehe, dahinschwindende Freiheit. Fast ständig und überall wird an meiner Freiheit gesägt. Einige Zeitgenossen gehen dabei richtig leidenschaftlich zu Werke, meine Freiheit einzuschränken. Ich habe den Eindruck, dass unzählige Menschen geradezu besessen davon sind, ihren Mitmenschen Stück für Stück ihre Freiheit zu nehmen.

Menschen bevormunden gerne.

Ursprünglich wollte ich dieses Buch mit dem eher philosophisch und etwas versöhnlich klingenden Titel "die Fäden der Marionette" schmücken. Jedoch, je länger ich an diesem Thema gearbeitet hatte, je intensiver ich nachgedacht hatte und je mehr ich geschrieben hatte, desto akademischer, verharmlosender und fast sogar verniedlichend erschien mir dieser Titel. Die eigentliche Dramatik, oder besser gesagt die "gewaltige Schwere dieses Sachverhaltes", die ich hier darstellen möchte, brauchte einen deutlicheren Titel. Einer, der das Kind beim Namen nennt. Einen Titel in Klartextform.

Mit "Von der Sucht, andere zu bevormunden" glaube ich, den Kern der Sache, vielleicht ein bisschen überspitzt, aber - so hoffe ich - gerade dadurch auch deutlich genug tituliert zu haben. Der gewaltigen Schwere dieses Sachverhaltes angemessen.

Und, auch das erscheint mir wichtig, dieses Buch stellt meine Sichtweise der Dinge dar und nicht etwa "die für alle richtige" Sichtweise. Es ist eine individuelle Sichtweise. Meinetwegen schief und krumm und bestimmt nicht objektiv. Und deswegen wird sie mit Sicherheit von genug anderen Sichtweisen deutlich abweichen. Soll sie auch. Jeder hat seine individuelle Weise, Dinge zu sehen, jeder hat sein eigenes Weltbild. Und, genau so wie die Schönheit im Auge des Betrachters liegt, befinden sich auch Weltbilder lediglich in den Köpfen der jeweiligen Betrachter. Auch das gehört zur Freiheit, denn es gibt keine objektive Sichtweise der Dinge. Auch wenn noch so viele Zeitgenossen der Ansicht sind, nur ihr Weltbild sei das einzig wahre. Und davon gibt es ja mehr als genug.

Jedoch, wie auch immer man eine Sache sieht, losgelöst davon steht meines Erachtens eines fest: Kein Mensch hat das Recht, jemanden anderen vorzuschreiben, was er zu tun oder zu lassen hat. Kein einziger.

Und derjenige, der dieses Buch als persönliche Kritik empfindet, bestätigt nur dessen Richtigkeit. Und derjenige, der die Inhalte in diesem Buch kritisiert, ist herzlich willkommen.

Anmerkung: Ich habe in diesem Buch nicht aus sexistischen Gründen sondern lediglich der Einfachheit halber anstatt "derjenige und diejenige" immer wieder lediglich "derjenige" geschrieben. Steht selbstverständlich immer stellvertretend für beide Geschlechter. Möge mir das weibliche Geschlecht diese Einkürzung verzeihen.

Das erste Kapitel
Der blinde Fleck

Wenn wir einen Fisch nach der Beschaffenheit von Wasser fragen, wird er wahrscheinlich die Gegenfrage stellen: Was ist Wasser?

Dinge oder Sachverhalte, die einfach da sind, die selbstverständlich und allgegenwärtig sind, nehmen wir in ihrer Wirkung zwar wahr, jedoch setzen wir uns normalerweise damit auch nicht weiter auseinander. Die ständig vorhandene Erdanziehungskraft, die die Dinge auf den Boden fallen lässt oder die Luft zum Atmen sind Beispiele von Dingen, die für uns schon immer da gewesen sind, uns aber auch nicht weiter beschäftigen.

Mühevoll erscheint der Versuch, die jeweiligen Hintergründe und Mechanismen dieser allgegenwärtigen Dinge in ihrer physikalischen Form zu verstehen. Unser kümmerliches Abstraktionsvermögen schafft da nur ein paar kurze Schritte auf mathematischen Krücken. Also beispielsweise nicht nur zu sehen, wie der Apfel vom Baum fällt, sondern auch zu erkennen, dass da zwei Massen, nämlich die Erde und der Apfel, sich gegenseitig anziehen und daher sich aufeinander zubewegen. Von der Raumkrümmung wollen wir hier mal absehen.

Dieses Prinzip, womit unser Gehirn mit solchen allgegenwärtigen, quasi unveränderlichen Dingen aus dem Alltag umgeht, ist - unsere Art sähe anders aus, wäre das nicht der Fall - sehr sinnvoll. Warum soll sich unser Gehirn andauernd mit solchen Hintergründen und Mechanismen von Selbstverständlichkeiten abplagen. Warum soll unser Gehirn dafür unnötige Mühen aufwenden. Es macht Sinn, diese Hintergründe und Mechanismen erst mal auszublenden, einfach ignorieren.

Aber genau das ist auch das Dilemma.

Denn einige dieser allgegenwärtigen, leicht erkennbaren und ausgeblendeten Dinge sind gleichzeitig auch durchaus nachdenkenswert. Welche von diesen Dingen sind hier gemeint? Zum Beispiel die Tatsache, dass die meisten Gruppierungen von Säugetieren nicht einfach so ungeordnet beisammen leben wie ein Mückenschwarm.

Die meisten Gruppierungen von Säugetieren, also auch wir Menschen, leben in so einer Art Hierarchie, einer Rangordnung. Das ist nichts wirklich neues, das gibt es in der Natur schon lange. Und beim betrachten einer solchen Gruppierung, als sei es das normalste der Welt, halten wir oft auch Ausschau nach der jeweiligen Rangordnung in der Gruppe. Wir schweifen mit unserem Blick nicht einfach so über eine Herde oder Horde, wir suchen dabei auch immer den Anführer. Ob es der Leitwolf im Wolfsrudel ist, der Silberrücken im Gorillagehege im Zoo oder der Chef auf diesen Firmenfotos, wo alle Mitarbeiter abgebildet sind. Und dies geschieht - meist unbewusst - und ganz von selbst.

Aber was ist nun das, was der blinde Fleck uns hier nicht sehen lässt?

Wenn Gruppierungen nicht einfach so wie ein Mückenschwarm zusammenleben, sondern hierarchische Strukturen bilden, ist das ja eigentlich etwas besonderes. Wir sehen zwar klar und deutlich die hierarchischen Strukturen, unser blinder Fleck verdeckt aber die Tatsache, dass diese hierarchische Strukturen *etwas besonderes* sind.

Ist das ein Problem?

Nein, nicht grundsätzlich. Jedoch, wenn man nicht erkennt, dass eine Sache etwas besonderes ist, dann denkt man auch nicht mehr darüber nach. Man denkt vor allen Dingen auch nicht mehr kritisch darüber nach. Man stellt Normalitäten nicht in Frage. Nicht unbedingt im biologischem Sinne in Frage stellen, also im Sinne der Evolution, da haben sich Hierarchien als Vorteil zum Überleben in der freien Wildbahn schon längst als brauchbar sorgfältig heraus selektiert.

Gemeint sind hier eher die hierarchischen Strukturen, die in unserer heutigen Zivilisation wirken. Und zwar die, dessen jeweiliger Umfang über das organisatorisch notwendige Maß hinaus wirken bzw. wirken wollen. Unser blinder Fleck ermöglicht es Mitmenschen, diese Blindheit für ihre Zwecke, nämlich der Bevormundung, auszunutzen.

Und genau deswegen akzeptieren wir zwar zähneknirschend, aber doch immer wieder "Ranghöhere" wie Regierungen, Diktaturen, Behörden, Lehrer, Unternehmensführer, Kirchen, Polizeibeamte, Generäle, Kapitäne und sonstige Bevormunder, die in der Hierarchie auch gern mal über das Ziel hinausschießen, also so zu sagen über dieses organisatorisch notwendige Maß hinaus agieren.

Beispiele gibt es mehr als genug. Dazu zählt nicht nur das in seiner Tragweite oft erdrückende Paradebeispiel der Politik, das im Kapitel zwei dran ist oder diese seit Jahrhunderten mahnenden und ab und zu auch mal menschenrechtsverletzenden Religionen aus Kapitel drei. Auch die im ganz normalen Alltag hier und da in Erscheinung tretenden Mitmenschen, die mit Sätzen wie "Bitte machen Sie mal eben..." nicht nur irgendwelche Sachverhalte erledigt haben wollen, sondern damit auch - vielleicht auch nur unbewusst - ein Teil ihrer wie stark auch immer ausgeprägten Bevormundungssucht ausleben wollen. Mit Titel wie Bürgermeister, Minister, General, Pastor, Hauptkommissar, usw. ist es einigen Trägern sogar gesetzlich erlaubt, Mitmenschen zu bevormunden.

In jedem Unternehmen ist jedes Organigramm auch gleichzeitig ein bisschen Hierarchiegramm. Die Freiheit eines jeden Unternehmers, ein solches Hierarchiegramm zu erstellen, sei selbstverständlich ungenommen, letztendlich unterwirft sich jeder freiwillig den Anweisungen eines Unternehmers. Darum geht es in dieser Kapitel auch nicht. Inhalt dieses Kapitels ist die Erkenntnis, dass eine gewisse Akzeptanz auch gegenüber solchen Hierarchien erkennbar ist, die, wie soeben schon beschrieben, gern über das organisatorisch notwendige Maß drüber hinaus agieren.

Woher stammt dieser blinde Fleck?

Es scheint so, dass Hierarchien ein bewährtes Mittel sind, um die Überlebenschancen von Säugetiergruppen zu erhöhen. Übrigens nicht nur von Säugetieren, auch beispielsweise Ameisen, Bienen und Termiten sind in gewisser Weise hierarchisch strukturiert.

So gesehen hat es die Natur schon richtig eingerichtet, in den Gehirnen von Individuen, die in hierarchischen Strukturen leben, dafür so eine Art blinden Fleck einzurichten. Also egal ob Mensch oder Tier, für jedes lebendes Individuum, dass in hierarchischen Strukturen lebt, sollen diese Strukturen zunächst einmal nichts fremdes, nichts unangenehmes sein, gegen das man sich wehren müsste. Ganz im Gegenteil, hierarchische Strukturen sollen etwas völlig normales sein. Man soll sich darin sogar wohlfühlen.

Hierarchien sind wohltuend.

Egal wie hierarchisch eine Gesellschaft ist, darüber lässt sich wirklich leidenschaftlich streiten, sie ist nicht wie ein Fischschwarm oder Vogelschwarm. Die Menschen sind, wenn sie nicht allein sind, immer in irgendeiner Weise hierarchisch. Und, hierarchisch heißt nicht nur, dass sich immer einige dazu berufen fühlen, herumzukommandieren, hierarchisch heißt auch, was nicht ganz unwichtig scheint, dass sich immer wieder viele Menschen damit einverstanden erklären, dass sie herumkommandiert werden.

Und nicht nur das. Einige Individuen gehen sogar so weit, es als normal zu empfinden, sich auch noch um gewisse Positionen in diesen hierarchischen Strukturen zu bemühen. Um die "obersten Plätze" wird oft genug heftig und mit beeindruckenden Waffen gekämpft. Riesige aber ansonsten völlig nutzlose Hirschgeweihe und die 30 cm langen Eckzähne vom Nilpferd - das Nilpferd ist ein Grasfresser - sind Beispiele solcher Rüstungsspiralen im Tierreich. Bei diesen Kämpfen wird auch gern mal der eigene Tod in Kauf genommen.

Und wenn man sieht, mit welch stoischer Ruhe die restlichen Individuen einer Herde verharren, während sich Leittier und Herausforderer einen blutigen Kampf liefern und vor allen Dingen mit welcher Leidenschaft hier gekämpft wird, scheint der blinde Fleck hierfür nicht nur sehr ausgeprägt sondern auch noch ziemlich "blickdicht" zu sein. Kein Tier scheint hier wirklich überrascht zu sein.

Die Normalität dieser Kämpfe um die Rangordnung ist auch in unseren heutigen "modernen" Gesellschaften erkennbar. Genüsslich wird dabei zugesehen, wie Machtkämpfe ausgetragen werden. Talkshows sind ein hervorragendes Beispiel dafür, da kann jeder entspannt zusehen. Diese Kämpfe werden heutzutage natürlich nicht mehr (doch, es gibt noch Ausnahmen...) mit Zähnen und Klauen geführt. In modernen Gesellschaften bedienen sich die Streithähne viel subtilerer Mittel. Neben dem eigenen Imponiergehabe sind dies nicht selten linientreue Gefolgsmänner, Denunzianten und sogenannte Marionetten. Also alles Strategen, denen der blinde Fleck auch noch das kritische Denken abgenommen hat. Aber vielleicht sind sie gerade deshalb so wirkungsvoll. Und vor allen Dingen auch blind für das, was sie selber tun.

Aber das entscheidende: Diese Kämpfe finden auch heute noch statt. Ständig und überall. Deutlich sichtbar für alle, aber kaum jemand wundert sich oder denkt da mal kritisch drüber nach.

Was lässt sich aus diesem Kapitel zusammenfassen? Der Drang zu hierarchischen Strukturen in der Gruppe, in der man lebt und der daraus folgernde blinde Fleck, damit man das auch alles ordentlich mitmacht und ja nicht in Frage stellt, scheint im Gehirn verankert und damit Teile unseres Erbmaterials zu sein. Anders lässt sich dieses Phänomen wohl nicht erklären.

Braunbären und Orang Utans würden erst gar nicht auf die Idee kommen, Bücher über Freiheit oder Bevormundung zu schreiben, die haben solche Probleme nicht, die leben nicht in Hierarchien, das sind Einzelgänger.

Als moderner Großhirnträger können wir dies - das entsprechende Abstraktionsvermögen vorausgesetzt - lediglich erkennen und höchsten versuchen, hier etwas vernünftige Kontrolle auf uns selbst auszuüben. Aber man sollte hier von Homo Sapiens nicht zu viel erwarten...

Das zweite Kapitel
Was uns die Politik so erzählt

Wer sich für Naturwissenschaften und Technik interessiert, ergreift einen entsprechenden Beruf, z.B. in der Forschung oder wird Ingenieur. Wer gern kreativ mit Holz arbeitet, wird Möbeltischler und diejenigen, die sich gern mit abstrakten Zahlengewerk, Tabellen und Finanzen auseinandersetzen, finden sich vielleicht in einer Bank oder beim Finanzamt wieder. Und wer Freude am Kochen hat, der wird wahrscheinlich Koch. Das ist oft so, ist ja auch naheliegend.

Aber wer geht in die Politik?

Vielleicht vorab die Frage, was ist Politik? Natürlich wissen wir alle, was Politik ist. Wir haben alle eine Vorstellung davon, schließlich werden wir regelmäßig in irgend einer Weise mit der Politik konfrontiert und sei es durch die täglichen Nachrichten über die Medien. Aber wenn wir da genau hinsehen und hinhören, sind das, was wir täglich von der Politik sehen und hören, oft nur Erscheinungsformen einer Oberfläche, die sich politisches Geschehen nennt. Also z. B. wer was gesagt hat und für wen das gut sein soll. Oder welche Vorschriften oder Gesetze diesmal "zum Wohle des Bürgers" ausgearbeitet wurden. Es kommen hier noch mehr solcher Sachen in Anführungszeichen, keine Sorge.

Aber wenn das alles nur Erscheinungsformen einer Oberfläche sein sollen, dessen Mechanismus noch im Verborgenem liegt, was ist denn dann Politik wirklich, was ist der innerste Kern dieser Sache? Was für ein Antrieb verbirgt sich dahinter? Warum haben wir so viele Politiker?

Warum überhaupt Politik?

Der blinde Fleck aus dem ersten Kapitel trübt mal wieder den Blick auf die Ursache der ganzen Maschinerie. Man hat richtig Mühe, diese Grundmauern, auf denen die Politik lastet, zu erkennen. Zu viel Mediensand werden dem Bürger täglich in die Augen gestreut. Aber, die Anstrengungen, die Sache unvoreingenommen zu betrachten und ein wenig zu abstrahieren, lohnen sich. Ernüchterung macht sich allerdings breit, sobald man diese Mechanismen, diesen innersten Antrieb, ans Tageslicht geholt hat. Der lautet: Wer Politiker ist, hat die Möglichkeit, Menschen zu sagen, was sie zu tun und zu lassen haben. Politiker will werden, wer anderen Menschen gern vorschreibt, wie sie zu leben haben. Und zwar gar nicht mal in der Form "Politiker bevormunden gern", sondern, und da liegt der Hase im Pfeffer:

Wer gern bevormundet, wird Politiker.

Das erst mal auf sich wirken lassen. Des Weiteren, erleichternd für all die, die Politiker werden wollen, kommt noch hinzu, dass man, entgegen dem Friseur beispielsweise, der einen Meistertitel vorweisen muss, wenn er sich selbständig machen will oder dem Gründer eines Ingenieurbüros, der dies nicht ohne Ingenieurstitel machen darf, benötigt man für den Beruf des Politikers keine weiteren Voraussetzungen. Da reicht ein abgebrochenes Studium der Theaterwissenschaft oder der Philosophie.

Unter dem Deckmantel der besänftigenden Bezeichnung "Diener des Volkes", ermöglicht es der Beruf des Politikers, Menschen zu bevormunden. Und zwar leidenschaftlich, völlig legitim und auch ganz demokratisch. Denn die Politiker wurden ja, zumindest in den

Demokratien von heute, von den Menschen selber gewählt. Und das ist für einige Politiker natürlich sehr verlockend. Nicht wenige bekommen sogar Applaus dafür.

Jedoch, und genau das ist das eigentliche Kuriosum, der Beruf des Politikers ist ein Widerspruch in sich. Ein Politiker soll sich für den Bürger in diesem Lande einsetzen, er soll die Interessen des Volkes wahrnehmen und vertreten, so die offizielle Bezeichnung. "Dem deutschen Volke" z.B., so steht es ja auch am Reichstagsgebäude in ganz großen Buchstaben geschrieben. Und nicht etwa die ganze Welt.

Beides gleichzeitig - also Macht über jemanden ausüben und diesem dienen - geht aber nicht. Entweder, der Politiker hat die Macht, dem Bürger zu sagen, was er zu tun und zu lassen hat oder der Bürger hat die Macht, dem Politiker zu sagen, was er zu tun und zu lassen hat.

Nun, es ist nicht auszuschließen, dass die anfängliche Motivation einiger Politiker tatsächlich die ist, dem Volke ehrlich zu dienen. Dennoch, das zeigt zumindest der Blick in die Realität, neigen Politiker nach einer gewissen Zeit im Amt ganz allmählich ihre "erhabene" Position zu nutzen, um ihre vermeintliche Macht über das Volk, oder zumindest über Teile des Volkes, auszuüben. Und zwar Stück für Stück. Jeden Tag mehr, niemals weniger.

Und selbstverständlich ist auch, dass einige Zeitgenossen in der Politik diesen Bevormundungstrieb mit so gut gemeinten Formulierungen wie "für die Gesundheit", "für Bedürftige", "für Entwicklungshilfe" (nebenbei bemerkt: auch nach China) oder "für die Umwelt" versuchen zu tarnen. Das sind dann natürlich sehr edle Motive und derjenige ein übler Ketzer, der es wagt, sich dagegen aufzulehnen. Die Schlagstöcke der Moralapostel liegen immer griffbereit zur Hand. Selbst Aussagen wie "Ich möchte gestalten" sind, wenn man diese politische Gestaltung zu Ende denkt, lediglich geplante Anweisungen an Ausführende. Wer wirklich gestalten will, soll Bilder malen oder Holzfiguren schnitzen.

Das übliche Parteienspektrum - übrigens weltweit - teilt sich immer wieder gern in die Kategorien "Links", "Mitte" und "Rechts" auf, wobei immer wieder im Kanon gepredigt wird, "Links" ist gut und "Rechts" ist böse. Interessant und vor allem unter ganz neuem Licht erscheint das politische Spektrum, wenn man dieses unter dem Aspekt des Bevormundungsgrades betrachtet. Dieser reicht von der totalen Freiheit eines jeden bis zur totalen Diktatur. Wobei hier "totale Freiheit" natürlich nicht heißt, dass jeder machen kann was er will. Übrigens ein von leidenschaftlichen Bevormundern gern verwendetes Argument gegen die Freiheit. Totale Freiheit im politischem Sinne heißt, dass keinem willkürlich die Freiheit eingeschränkt oder genommen wird. Totale Diktatur heißt, dass alle das machen müssen, was ein einzelner oder einige wenige gerne hätte. Also so was wie das Mittelalter, Nordkorea, oder da, wo der König oder die Kirche bestimmt, was jeder einzelne darf und was er nicht darf. Da gibt und gab es keine Freiheit. Sicherlich mit ein Grund, warum die Zivilisation in solchen Systemen so langsam voranschritt bzw. voranschreitet. Oder stehen bleibt.

Auch Politiker haben immer wieder große Schwierigkeiten damit, dem Bürger Freiräume zu überlassen bzw. für die Freiheit der Bürger zu kämpfen. Warum ist das so? Weil den Politikern dadurch Einfluss verloren geht. Wer aus seiner Geisteshaltung heraus gern bevormundet und deswegen Politiker geworden ist, wird das Bevormunden nicht dann aufgeben, wenn er im Amt ist.

Nicht überraschend erscheint die Tatsache, dass Bevormunder auch gern mit Bevormundern sympathisieren. Und zwar nicht nur in der Politik. Also so was wie "gleich und gleich gesellt sich gern". Linke und Konservative kungeln auch gern mit der Kirche. Überraschend erscheint schon eher die Tatsache, dass diejenigen, die sich gern Bevormunden lassen, also die Schafe in der Gesellschaft, auch mit Bevormundern sympathisieren. Diese scheinen sich ja gerade von Bevormundern gern herumkommandieren zu lassen.

Seltsamerweise kämpfen diese Schafe auch noch leidenschaftlich gegen diejenigen, die sich für ihre Freiheit einsetzen. Wie ist es nur möglich, dass sich Menschen immer wieder - freiwillig - an der Nase herumführen lassen. Es scheint tatsächlich so, dass glückliche Sklaven die erbittertsten Feinde der Freiheit sind.

Aber wie wirkt sich dieser Bevormundungsdrang im Einzelnen aus ?

Zum einen natürlich ganz direkt über all diese unzähligen und komplizierten Regeln, Vorschriften und Verordnungen, die kaum einer noch versteht. Egal was man macht und egal wo man ist. Dazu gesellt sich eine ständig wachsende Anzahl an neu ausgearbeiteter Regeln, Vorschriften und Verordnungen. All das soll den Bürger in die angeblich richtige Richtung lenken oder in die Schranken weisen, soll den Bürger erziehen und maßregeln.

Natürlich haben einige dieser Regeln, Vorschriften und Verordnungen eine gewisse Berechtigung, das soll hier nicht verschwiegen werden. Wenn es darum geht, einzelne Bürger, die selbst dazu nicht in der Lage sind, vor anderen Bürgern zu schützen (also beispielsweise Kinder und alte Menschen), dann muss eingegriffen werden, das ist selbstverständlich. Übrigens einer der wenigen tatsächlichen Aufgaben der Politik, nämlich der Schutz des Bürgers und sein Eigentum. Was den Politikern, wie es momentan scheint, nicht ganz so wichtig ist.

Jedoch, und damit sind wir wieder beim Kern der Sache, sind unzählige dieser Regeln, Vorschriften und Verordnungen eher dazu gedacht, dass sich die Bürger nicht so verhalten sollen, wie diese es gern selbst hätten, sondern sich so verhalten sollen, wie es diejenigen gerne hätten, die sich all diese Regeln etc. ausgedacht haben.

Die Regeln selbst werden schön kompliziert formuliert und auf Papier gebracht oder ins Netz gestellt. So muss man niemandem mehr direkt in die Augen blicken beim Bekanntgeben dieser selbst ausgedachten Regeln. Im Verborgenem wird sich da etwas ausgedacht, mit viel Eifer aufgeschrieben und die Bürger müssen sich dann daran halten.

Das befriedigende Gefühl, dass einige beim Bevormunden bekommen, muss wohl grenzenlos sein.

Sicherlich auch nicht überraschend, lässt sich feststellen, das Umfragen, Petitionen und Mitbestimmungen den Politikern schon immer zuwider waren. Zu gern möchte man Entscheidungen ohne die lästige Bürgerbeteiligung fällen. Zu gern möchte die Politik lediglich brave und fleißig steuerzahlende Bürger, die ja nicht aufmucken. Die alles mit sich machen lassen.

Ist so eine Geisteshaltung nicht irgendwie verdächtig? Gibt es keine Politiker, die sich eine erhöhte Beteiligung der Bürger an den Geschehnissen wünschen? Was für simple Kräfte scheinen da in den Köpfen der Politiker zu agieren? Wie entlarvend im Sinne von "ich will herrschen" ist so eine Einstellung?

Abgesehen davon, dass Regale voll sind mit Büchern über Beispiele der staatlichen Gängelung, man spricht dabei ja auch vom Nanny-Staat, hier nochmal ein paar "Auszüge aus dem Maßnahmenkatalog": Der Bürger soll nicht rauchen, soll mit Bus und Bahn fahren, soll überteuerten Strom aus Windmühlen und Photovoltaik nutzen, soll, wenn überhaupt, nur kleine Elektromobile fahren (den Politikern war der sich frei bewegende Bürger schon immer ein Dorn im Auge), darf keine herkömmlichen Glühbirnen kaufen, darf nicht alle Filme sehen, darf sich nicht selbst oder sein Eigentum verteidigen, darf nicht ungehindert seine Meinung sagen (dazu im sechsten Kapitel mehr) und die Staubsauger dürfen nur noch eine bestimmte Grössehaben (macht ja nichts, bei halber Leistung dauert das Staubsaugen dann eben doppelt so lange).

Als Vermieter darf man nicht beliebig die Miete für sein Eigentum erhöhen, was dann natürlich dazu führt, dass keiner mehr wirklich Lust hat, Wohnraum für Mieter zur Verfügung zu stellen (diesen einfachen Zusammenhang verstehen Politiker nicht) und als Unternehmer wird man gezwungen, in einigen Kammern Mitglied zu sein (weil sonst diese Kammern keine Mitglieder hätten). Neuerdings sollen die Hersteller von Nahrungsmitteln sogar gezwungen werden, nur noch bestimmte Mengen an Zucker und Fett in die Nahrungsmittel einzuarbeiten. Anstatt, dass die Bürger an der Ladentheke selbst entscheiden, was sie essen möchten, bestimmen jetzt Politiker darüber, was sie essen dürfen. Nicht auszumalen, wo das endet, wenn es so weiter geht.

Wie oben schon angedeutet, es geht nicht um den Schutz derer, die sich nicht selbst schützen können. Es geht um die Dinge, die jeder für sich selbst viel besser entscheiden kann. Und neue Regeln, Vorschriften und Verordnungen werden ständig neu ausgearbeitet. Alles hinlänglich bekannt.

Und das ist nur ein winzig kleiner Ausschnitt aus dieser ständigen Bevormundung durch die Politik.

Verdeckt durch unseren blinden Fleck aus dem ersten Kapitel, gesellt sich noch ein weiterer, nicht minder gewichtiger Teil einer Bevormundung, die uns dazu zwingt, uns so zu verhalten, wie es Politiker gerne hätten. Sozusagen für andere statt für uns selbst zu arbeiten. Die Rede ist hier von der von den Empfängern so gerne verschwiegene "monetäre Bevormundung". Ein von Politikern äußerst ungern diskutiertes Thema. Etwas direkter formuliert: Dem arbeiteten Bürger wird ein Großteil seines hart erarbeiteten Geldes wieder genommen. Die allseits bekannte Formulierung, mehr als die Hälfte des in der BRD erarbeiteten Geldes gehen an den Staat, ist lediglich eine etwas abgemilderte Art der Beschreibung der Tatsache, dass Politiker dem Bürger unterm Strich in Summe mehr als die Hälfte ihres erarbeiten Geldes zunächst einmal wegnehmen. Mehr als die Hälfte, das muss man sich mal vorstellen.

Mehr als die Hälfte!

Natürlich gibt es Waren oder Dienstleistungen wie z.B. Straßenbau, Bildung oder Polizei (ja, es gibt noch mehr...), die tatsächlich dem Bürger dienlich sind, die Geld kosten und jemand auch organisieren und bezahlen muss. Das steht nicht zur Debatte, das ist einfach notwendig und richtig in einer modernen Gesellschaft. Es geht - wie immer bei diesen Diskussionen - um zweifelhafte Waren und Dienstleistungen, wofür Politiker viel Geld ausgeben, ohne den Bürger vorher gefragt zu haben. Geld für Dinge, dessen Nutzen oft genug fraglich ist. Dessen Nutzen regelmäßig geprüft werden sollte, am besten aber nicht von den Politikern selbst.

Nicht nur der allseits gern schöngeredete aber in Wirklichkeit zum Himmel schreiend verlogene Zwangsbeitrag für den öffentlich-rechtlichen Rundfunk, der vom Staat zur Not auch mit Waffengewalt eingetrieben wird, wäre ein Beispiel dafür. Es geht - mit etwas mehr Abstand betrachtet - ganz allgemein um die Schwächung der freien Auswahl der Bürger in ihrem Kaufverhalten durch die Reduzierung des ihm zur Verfügung stehenden Geldes. Jede Subventionszahlung an wen auch immer, ist nichts anderes als dass jemand aus der Politik dem Bürger Geld abnimmt und mit diesem Geld dann Waren oder Dienstleistungen kauft bzw. kostengünstiger macht, nur weil dieser jemand aus der Politik das aus seiner Sicht für richtiger oder besser findet als der Bürger.

Lauter Erklärungen und schöne Worte werden da immer wieder als Rechtfertigung vorgetragen, nicht nur um Ergebnisse der planwirtschaftlichen Tat schönzureden. Geschmückt auch noch mit solch lachhaften Aussagen wie "Das kostet Sie nichts, das bezahlt der Staat". Es geht vor allen Dingen darum, den eigentlichen Vorgang der Geldwegnahme zu kaschieren, damit diese Diskussion gar nicht erst entsteht.

Es mag zwar medienwirksam sein, wenn ein Politiker sich hinstellt und öffentlich verkündet, ein kränkelndes Unternehmen zu unterstützen, um die vielen Arbeitsplätze zu retten, wobei es zunächst egal ist, ob Tante-Emma-Laden oder Großkonzern. Aber, warum kränkelt ein Unternehmen? Weil Bürger Waren oder Dienstleistungen von diesem Unternehmen nicht mehr haben wollen. Wer heute immer noch versucht, Schreibmaschinen zu verkaufen, ist zum Scheitern verurteilt. Der Bürger kauft lieber Waren und Dienstleistungen von Unternehmen, die ihm aus seiner Sicht etwas besseres anbieten. Also aus Sicht desjenigen, der sich das dafür notwendige Geld selbst erarbeitet hat.

Jedoch, der Bürger wird gezwungen, mit dem Teil seines selbst erarbeitetem Geldes, das ihm die Politik vorher abgenommen hat, Waren oder Dienstleistungen von einem Unternehmen mit zu kaufen, die er eigentlich gar nicht haben will. Zahlt der Staat, also die Politiker, einem solchen Unternehmen trotzdem diese künstliche Alimentierung zum überleben, dann deswegen, weil Politiker glauben, hier den Bürger bevormunden zu müssen, da die Bürger wohl nicht in der Lage sind, für sich richtig entscheiden zu können und daher wie unmündige Kinder zu behandeln sind.

Auch hier wird die Diskussion darüber sehr gerne in die Richtung der Qualität der Waren und Dienstleistungen bzw. zum Erhalt von Arbeitsplätzen gelenkt. Oder es wird argumentiert, dass es um wichtige

Kulturgüter geht, die unbedingt gefördert und erhalten werden müssen. Oder man müsse sich für den Ernstfall rüsten. Alles Erklärungen, um ja nicht die eigentlichen Mechanismen der Subventionen aufzudecken, nämlich der Bevormundung der Bürger. Sozusagen: Ich entscheide, was mit einem Teil deines Geld passiert, nicht du selbst, weil du das nicht so gut kannst. Achten Sie mal drauf ...

Die tiefer gehende Beschäftigung mit dem Thema, wo denn die Steuergelder bleiben, gräbt - man wundert sich nicht - immer mehr eigenartige Kuriositäten aus. Nicht nur, dass beispielsweise jährlich hunderte von Millionen Euro als Entwicklungshilfe von der Bundesrepublik, also vom Steuerzahler, nach China fließen. Eine weitere Form der indirekten Bevormundung durch den Staat, also auch hier wieder unfreiwillig durch den Steuerzahler, sind finanzierte Stiftungen und Institute. Wer würde freiwillig Geld bezahlen für ein Goethe Institut in Indonesien? Der Steuerzahler wird gezwungen, über 200 Millionen Euro für das gesamte Goethe Institut zu bezahlen. Wofür eigentlich? Wirklich demokratisch wäre es, wenn sich die Institute ausschließlich über - freiwillig gezahlte - Spendengelder finanzieren müssten. So kann jeder für sich entscheiden, ob er so ein Institut unterstützen will oder eben nicht. Bekommt ein auf Spendengelder angewiesenes Institut nicht mehr genug Spenden, so heißt das im Klartext, der Bürger hat entschieden. Er will so ein Institut nicht. Das wäre doch echte Demokratie oder nicht?

Aber, interessanterweise scheint dieses ganze Thema nicht neu zu sein. Schon Friedrich der Große, König von Preußen, volkstümlich "der Alte Fritz" genannt, warnte vor etwa 250 Jahren mit folgendem Zitat: "Eine Regierung muss sparsam sein, weil das Geld, das sie erhält, aus dem

Blut und Schweiß ihres Volkes stammt. Es ist gerecht, dass jeder einzelne dazu beiträgt, die Ausgaben des Staates tragen zu helfen. Aber es ist nicht gerecht, dass er die Hälfte seines jährlichen Einkommens mit dem Staate teilen muss". Wie gesagt, das ist schon 250 Jahre her.

Ist bei der Hälfte etwa die Schmerzgrenze erreicht oder geht da noch was? Können die Politiker, wie eingangs schon erwähnt, dem Bürger noch mehr von seinem erarbeiteten Geld abnehmen, Hauptsache das geht ganz langsam, in winzigen Schritten? So winzig, dass gerade keiner oder zu wenige protestieren? So langsam wie der berühmte Frosch im Topf, der, sofern man das Wasser im Topf nur langsam genug erwärmt, dieser vom nahendem Kollaps, dem gekocht werden, nichts bemerkt und artig im Topf bleibt? Der Verdacht liegt nahe, dass es lediglich auf die Geschwindigkeit ankommt, mit der die Staatsquote erhöht wird, nicht auf die absolute Höhe.

Und, um das Thema der Diskussion hier abzurunden, nachfolgend noch ein Sachverhalt, der klärungsbedürftig erscheint. Wenn es nämlich darum geht, wie viel Geld man dem Bürger abnehmen "muss", wird dem Bürger immer wieder die gleiche Erklärung vorgehalten: Die Höhe der Steuern ist momentan leider notwendig, um all die vielen Ausgaben (Sozial…, Kredit…, Entwicklungshilfe…, Europa…, etc.) bezahlen zu können und daher fallen diese jedes Jahr so und so hoch aus. Die vielen Sachzwänge und leider müssen wir usw. ...

Das mag zwar im ersten Moment irgendwie schlüssig klingen, jedoch, das stimmt so nicht. Die Höhe der Steuern, oder eben die Staatslastigkeit einer Gesellschaft ergibt sich *nicht* aus der jeweiligen Finanzsituation eines Staates. Die Höhe der Ausgaben ist *ursächlich* und durch die

Politiker *frei definierbar*. Als *Folge* aus dieser frei definierten Höhe der Ausgaben *ergibt* sich die Höhe der Geldmenge, die die Politiker dem Bürger abnehmen. Die Vermutung liegt nahe, diese frei definierte Höhe dort anzusetzen, wo es die Bürger gerade noch hinnehmen ohne einen Aufstand anzuzetteln.

Ein weiterer Aspekt, der zunächst weit hergeholt erscheint, entpuppt sich beim näherer Betrachtung dann doch noch als eine gewisse Form der Bevormundung. Allerorten wird darüber debattiert und seitens der Politik auch heftig beklagt, dass die Familien beispielsweise hier in Deutschland zu wenig oder gar keine Kinder mehr in die Welt setzen. Fragen werden gestellt, wer denn da noch die Rente erwirtschaften soll. Es fehlen junge Menschen, um das alles zu finanzieren. Schließlich haben wir doch alle einen Generationsvertrag abgeschlossen, so die Politiker mit mahnender Stimme.

Ein Generationsvertrag sollen wir alle abgeschlossen haben?

Dazu muss man sagen, ein Vertrag wird üblicherweise zwischen zwei Personen abgeschlossen. Und zwar gegenseitig, in beiderseitigem Einverständnis. Nicht einseitig. Es reicht nicht, wenn nur eine Person einen Vertrag mit jemanden anderes abschließt ohne diesen zu fragen. So gesehen gibt es zunächst gar keinen Generationsvertrag, zumindest keinen legitimen. Was ist hier wirklich passiert? Die Unfähigkeit in der Politik, den demographischen Wandel zu berücksichtigen und - vorausschauend - zu handeln, hat dazu geführt, dass ein Teil des Geldes, dass die Bürger für ihre Rente vorher in die Rentenkasse einzahlt haben, schon während der Einzahlung für andere Dinge verwendet bzw. verschwendet wurden.

Und was hat das nun mit Bevormundung zu tun? Sehr viel. Politiker versuchen ihre Unfähigkeit, sich mit der Zukunft zu beschäftigen, damit zu kompensieren, in dem sie dem Bürger die Schuld in die Schuhe schieben. Der Bürger solle doch bitteschön mehr Kinder in die Welt setzen. Dies wird dem Bürger nahe gelegt, bzw. man versucht, hier zur Not auch mit Steuergeldern nachzuhelfen. Manipulieren wäre hier der richtigere Begriff. Dabei ist doch die Entscheidung, wie viele Kinder eine Familie in die Welt setzen möchte, eine ganz persönliche. Das sollte man nicht anderen überlassen.

Zu guter Letzt soll noch eine Feststellung hier nicht unerwähnt bleiben. Eine zusätzliche Steuer, Abgabe oder Zuschlag (die Kreativität beim Erfinden von Bezeichnungen für die Geldwegnahme ist - das überrascht nicht - recht hoch) die einmal erhoben wurde, wird nur äußerst ungern und wenn überhaupt, nur sehr zögerlich wieder fallengelassen. Am besten ist es der Politik, wenn keiner mehr drüber spricht, wenn es keiner merkt.

Beispielsweise die Schaumweinsteuer. Diese wurde 1902 vom Reichstag zur Finanzierung der kaiserlichen Kriegsflotte eingeführt und wird heute noch erhoben. Im Jahr 2017 konnte der Staat Schaumweinsteuer in Höhe von 384 Mio. Euro eintreiben, das ist mehr als ein Euro pro Flasche. Oder ein aktuelles Beispiel, der Solidaritätszuschlag, der zur Finanzierung des Aufbaues der neuen Bundesländer eingeführt wurde. Das war 1991, wir haben jetzt 2020. Eine überzeugende Erklärung dafür seitens der Politik fehlt mittlerweile, weil wirklich schwierig zu (er-) finden. Eine zumindest ehrliche Erklärung wäre: "Wir haben uns dran gewöhnt".

Es gibt genug Beispiele aus der Vergangenheit, die zeigen, dass eine hohe staatliche Bevormundung auch in der Wirtschaft, also so was wie Planwirtschaft, nicht funktioniert. Und, es passiert immer wieder, siehe Venezuela. Dieses Land war mal eines der reichsten Länder der Welt mit den grössten Erdölreserven. Heute sind Medikamente und Toilettenpapier in Venezuela knapp geworden. Auch hier löst die Politik nicht die Probleme, sondern hier ist die Politik das Problem. Und zwar aus dem Grunde, weil die Freiheit des Einzelnen auf der Strecke bleibt.

Der ewige Streit zwischen den Sozialisten und den Kapitalisten ist nur vordergründig ein Streit zwischen denen, die nur Gutes für die Menschen wollen (die Sozialisten) und denen, die die Menschen ausbeuten wollen (die Kapitalisten). Sieht man genauer hin, ist Sozialismus eine extreme Form einer staatlichen Bevormundung und Kapitalismus eine extreme Form der Freiheit vor dem staatlichen Eingriff.

Es sind übrigens die Bürger selbst, die durch ihr Kaufverhalten die unzähligen Tante-Emma-Läden, Autokinos und Fachgeschäfte in den Ruin getrieben haben und Supermarktketten und Online-Versender haben groß werden lassen. Da waren keine fremden Mächte oder die böse Industrie am Werk.

Was bleibt zum Thema Politik und Politiker abschließend zu sagen?

Unter dem Strich ist die eigentliche Aufgabe der Politik, die Freiheit des Einzelnen zu sichern. Dies wird - solange es Politik gibt - dadurch versucht, in dem die Politik die Freiheit des Einzelnen immer weiter einschränkt. In dem die Politiker den Bürger immer weiter bevormunden.

Das dritte Kapitel
Was die Kirche so predigt

Ein neugieriger und aufgeschlossener Mensch fragt sich vielleicht skeptisch, warum gibt es überhaupt Religionen? Warum steht in jedem Dorf eine Kirche? Warum stehen weltweit unzählige Gotteshäuser aller Art herum? Mit unvorstellbarem Aufwand und in mühseliger Kleinarbeit werden beeindruckende und aufwendig geschmückte Kathedralen mitten in den Stadtzentren errichtet. Milliarden von Menschen beten dekorierte Gestalten aus Holz und Stein und imaginäre Wesen im Himmel an, zünden Kerzen an und erklären irgendwelche Figuren und dicke Bücher zu Heiligtümern.

Warum ist das so?

A priori wacht da - in allen Religionen - angeblich eine wie auch immer geartete Übermacht über die menschliche Spezies. Gilt das nur für Menschen oder auch für Kühe und Mücken? Und, die Frage sei erlaubt, auch für Roboter? Wacht diese Übermacht auch über Marsmenschen und andere Aliens? Oder beschränkt sie sich nur auf das Sonnensystem? Aha, auf das ganze Universum also. Na ja, dann hat diese Übermacht ja wirklich viel zu tun, aber deswegen ja auch Übermacht. Und was macht diese Übermacht, wenn das Universum ausgedient hat, also z.B. den Kältetod stirbt? Oder ist diese Übermacht auch ohne Universum da? Sozusagen ständig vorhanden? Auch schon vor dem Urknall? Nicht selten führt allein schon das stellen solcher Fragen bei den Anhängern der Religionen zu Mitleid oder gar Verachtung.

Irgendetwas stimmt da doch nicht.

Man bekommt den Eindruck, der blinde Fleck aus dem ersten Kapitel verhindert - mal wieder - eine kritische Sichtweise auf gewisse Dinge.

Der Glaube, also der ganz persönliche Glaube an was auch immer, soll natürlich niemanden streitig gemacht werden. Um Himmels willen, jeder soll glauben, an was er will. Das sind Dinge, die entscheidet jeder für sich und das muss auch unangetastet so bleiben. Man schadet damit ja niemanden. Und man benötigt dazu auch keine Pastoren, keine Kirchen und bestimmt auch keine Kirchensteuer. Kein Mensch auf der Welt hat das Recht, jemanden vorzuschreiben, an was oder an was er nicht glauben soll oder darf.

Aber, wenn man es tatsächlich schafft, das Thema Religion mit all dem was dazugehört mit einem gewissen Mindestabstand - d.h. ganz unvoreingenommen, also das, was streng gläubigen Menschen sehr schwer fällt - zu betrachten und ruhig etwas kritisch dabei vorzugehen, dann werden nicht nur diese extrem hierarchischen Strukturen erkennbar. Auf der einen Seite diese über alles stehende Übermacht inklusive Würdenträger, Propheten und sonstige Komplizen und auf der anderen Seite das ganz einfache - niedere - Volk. Also all diese kleinen Leute, die angeblich so hilflos und unmündig sind und daher auch unbedingt geführt werden müssen.

Etwas anderes wird auch sichtbar. Auf Grund der Tatsache, dass man es bei den Religionen immer wieder mit irgendwelchen Göttern, heiligen Figuren und diesen Schutzengeln zu tun hat, die zwar ständig ganz nah bei uns sein sollen, um uns zu beschützen, gleichzeitig aber gar nicht sichtbar sind, entsteht so eine Art Freiraum. Ein Freiraum, dessen unsichtbare Grenzen frei interpretierbar sind. Ein Freiraum, den gewiefte

Trittbrettfahrer für sich nutzen können. Analog zu "Gelegenheit macht Diebe" schaffen imaginäre Räume Platz für Systemnutznießer. Also Strategen, die diese Anbeterei und Unterwürfigkeit sich zu Nutze machen. Mein Überlebenstrieb verbietet es mir, hier konkreter zu werden.

Hat das etwas mit Bevormundung zu tun? Ja, ganz sicher. Denn dadurch, dass diese Systemnutznießer mit Strafe durch diese übermächtigen Wesen drohen, können sie Menschen, die das mit sich machen lassen, nach Gusto manipulieren. Also je nach Religion so etwas wie "wenn du nicht artig bist, kommst du nicht in den Himmel, also mach das, was ich dir sage". Und wenn man dann "artig" war, wird man in einigen Religionen sogar von mehreren Jungfrauen im Himmel erwartet... Das klappt auf der ganzen Welt wunderbar und, um es mal etwas mathematisch zu formulieren, meist auch im umgekehrt proportionalem Verhältnis zum Bildungsgrad, also je ungebildeter die Menschen sind, desto leichter lassen sie sich manipulieren. Vielleicht ist sogar der Umkehrschluss zulässig, nämlich das Manipulierbarkeit Bildung erschwert, weil man z.B. dauernd mit Auswendiglernen von irgendwelchen Texten beschäftigt ist.

Die Bevormunder selbst, also diese Systemnutznießer, nennen sich in diesem Falle Klerus im weitesten Sinne, gehören also zu der Kaste der Geistlichen und leben ganz gut von dem angeborenen Reflex der Untertanen, sich gegenüber einer höheren Macht unterzuordnen, sich in die Gesellschaft einzuordnen und bei Bedarf ordentlich niederzuknien. Oder sich sonstigen Unterwerfungsgesten, die im wesentlichen eine Verkleinerung des eigenen Körpers darstellen, hinzugeben.

Niederknien macht kleiner.

D.h., auch hier gab und gibt es analog zur Politik leidenschaftliche Bevormunder, die in diesem Falle unter einem so heiligen Deckmantel wie den Religionen ihre Triebe, andere Menschen herumkommandieren zu müssen, ausleben. Und natürlich auch hier wieder ein schlimmer Ketzer, der es wagt, so etwas auszusprechen. Siehe nicht nur die Vergangenheit.

Ist das nicht ein wenig weit hergeholt und zutiefst beleidigend zugleich?

Na ja, erstens, wenn sich jemand beleidigt fühlt, dann scheint an den Behauptungen ja etwas wahres dran zu sein, denn nur die Wahrheit beleidigt.

Und zweitens nein, nicht unbedingt weit hergeholt, außer für diejenigen, die im Kopf bereits ein fertiges, unverrückbares und für alle Menschen und für alle Zeiten obligatorisches Weltbild haben mit nur einem Schöpfer und wo auch schon alle Fragen - auch wissenschaftliche - vollständig beantwortet sind. Oder wo unbequeme Fragen gar nicht mehr erlaubt sind. Und wo natürlich alle Würdenträger, Propheten und sonstige "hochrangige" Persönlichkeiten mächtig, allwissend und etwas besseres sind, wirklich nur Gutes tun und dem nicht widersprochen werden darf.

Und diejenigen, für die die menschliche Gesellschaft nicht aus einzelnen autarken Individuen besteht, die es in ihrer Einzigartigkeit zu respektieren gilt, sondern eine formbare homogene und am liebsten willenlose Masse von Untertanen ist, die unbedingt geführt werden müssen, könnten sich vielleicht ertappt fühlen. Und das ist dann immer problematisch für diese Systemnutznießer. Hoffentlich ist man geneigt zu sagen, ich hör' schon das Gekeife. Na ja, Strohköpfe fangen schnell Feuer.

Jedenfalls Sinn und Inhalt der Religionen ist und war es schon immer gewesen, Menschen Vorschriften zu machen, was sie zu tun und zu lassen haben und wie sie zu leben haben. Da gibt es seit tausenden von Jahren haufenweise Gebote, Verbote, erhobene Zeigefinger und dicke Bücher, an die man sich bedingungslos zu halten hat. Wer da nicht mitmacht oder gar aussteigen will, der wird bestraft. Und nicht nur das, während früher reihenweise gekreuzigt, gefoltert und geköpft wurde, wird heutzutage mindestens noch gedemütigt. Oder gesellschaftlich verachtet. Oder als schlimmer als das Vieh angesehen. Oder, obwohl langsam aus der Mode gekommen, mit dem Teufel gedroht und, obwohl Glaube nichts mit Geld zu tun hat, Ablass eingefordert.

Die Geschichte der Menschheit ist voll mit Beispielen, wie die Religionen die Menschen manipuliert und unterdrückt haben. Noch heute finden im Namen der Religion Beschneidungen statt. Das muss man sich mal unverblendet vorstellen: Da wird tatsächlich an den Geschlechtsorganen von Kindern herum geschnitten, nur weil es irgendwo geschrieben steht oder - noch schlimmer - weil es angeblich ein Brauch ist. Wer sich beschneiden lassen will, soll das tun, aber freiwillig und erst wenn volljährig.

Jahrhunderte lang hat es Sklaverei gegeben, da hat die Kirche nie etwas zu gesagt. Je älter die Beispiele, desto schlimmer sind sie. Und der Versuch, an diesem Thron zu sägen, wurde demjenigen in der

Vergangenheit oft zum Verhängnis. Giordano Bruno wurde im Jahre 1600 von der Kirche für schuldig befunden und öffentlich verbrannt, weil er lediglich die Unendlichkeit des Weltraums und die ewige Dauer des Universums postulierte. Das entsprach leider nicht den damals gepredigtem Weltbild der Kirche. Und das war nicht der oder die Einzige, Zigtausenden ist es so ergangen. Jeder gläubige Anhänger einer Religion meint, anderen Menschen moralisch überlegen zu sein.

Jemanden zu sagen, er wäre frei und kann tun und lassen was er will, lag noch nie im Interesse der Religionen. Bloß keine Selbstbestimmung.

Gewiss, auch bei diesem Thema mag es rühmliche Ausnahmen geben, Propheten, Würdenträger, Pastoren usw., die wirklich Gutes im Sinn haben. Die zusammen mit dem Bürger - auf Augenhöhe - Dinge unternehmen, Gedanken austauschen oder einfach da sind, wenn Menschen Hilfe brauchen. Die die Menschen nicht mit irgendwelchen Geschichten von oben herab einlullen und vor allen Dingen sich auch mal selbstkritisch und nicht allwissend oder besser wissend betrachten. Übrigens eines der schwierigsten Aufgaben für hochgestellte Geistliche. Aber, wie schon gesagt, das sind leider Ausnahmen.

Tatsache ist in jedem Falle, das Universum, das Sonnensystem, die Erde, Wasser, Pflanzen und Tiere, diese Dinge sind auch ohne Menschen denkbar. Und, sofern man überhaupt an Götter glaubt, gäbe es auch in einer solchen komplett menschenleeren Welt trotzdem Götter? Vielleicht, vielleicht auch nicht, diese Frage lässt sich natürlich so nicht beantworten. Jedoch, ein möglicher Umkehrschluss könnte aufklärender wirken: Es gibt nur da Götter, wo es auch Menschen gibt, die daran glauben.

Eines steht aber fest: Für die Existenz von Göttern fehlt bis heute jeglicher Beweis. Und, die Beweislast liegt immer bei demjenigen, der eine Behauptung aufstellt. Die Nichtexistenz eines wie auch immer gearteten Gottes muss nicht bewiesen werden. Daraus lässt sich die an sich harmlose Behauptung aufstellen, Götter sind lediglich ein Konstrukt des menschlichen Geistes. Sozusagen hirngemacht. Und, wenn man diesen Gedankengang zu Ende führt, gelangt man zwangsläufig zu dem Schluss, das gesamte Religionsgebäude mitsamt seinen heiligen Geschichten ist schlicht menschengemacht. Neurologisch betrachtet ein Gebilde aus dem Diencephalon, unserem Zwischenhirn. Das gibt böse Briefe, ich weiß.

Offensichtlich ist auch die Neigung, ein "höheres Wesen" müsse da sein, in unseren Genen festgelegt. Nicht umsonst scheinen die Anhänger der Religionen sich aufs heftigste zu streiten mit Atheisten, also mit Menschen, die eben nicht an ein höheres Wesen glauben. Und dabei rückt ja bekanntlich keiner von seiner Position auch nur einen Millimeter ab. Zumindest eine interessante Ausgangslage für eine leidenschaftliche Diskussion.

Der Streit geht aber aneinander vorbei. Das entscheidende und auch gleichzeitig entlarvende ist nämlich, eine wissenschaftliche Geisteshaltung ist selbstkritisch. In der Wissenschaft ist jeder willkommen, bestehende Theorien mit stichhaltigen Beweisen zum Umsturz zu bringen und kräftig an den Fundamenten zu rütteln mit neuen Ideen. Bei den Religionen ist es genau umgekehrt. Jeder Kritiker läuft Gefahr, als Ketzer gebrandmarkt zu werden. Die zwar naheliegende aber eher ablenkende Diskussion, ob überlieferte Geschichten, Passagen,

Testamente oder sonst was für religiöse Texte denn nun richtig oder falsch oder nicht so gemeint sind oder im Kontext zu verstehen sein sollen, ist erfahrungsgemäß nicht hilfreich. Ein endloses Thema, wo sachliche Argumente nicht greifen.

Das entscheidende bei den Religionen ist, dass man gerade nicht seinen eigenen Verstand benutzen soll sondern statt dessen sich nach irgendwelchen Texten oder Predigten richten soll. Aber auch da zeigt sich der blinde Fleck. Selbst Gedrucktes wird nicht nur anstandslos hingenommen, es wird aufs heftigste verteidigt. Immanuel Kants wunderbar formuliertes Zitat: "Habe Mut, dich deines eigenen Verstandes zu bedienen" verhallt so scheint es, wohl auch bei tief religiösen Menschen ungehört.

Was vordergründig als Zufluchtsort, als Schutz- und Gebetsraum gepriesen wird, entpuppt sich bei näherer Betrachtung immer wieder als Hort der Vorschriften. Was ist das Resümee aus diesem Kapitel ?

Auch hier wirkt das gleiche Prinzip, das gleiche in grün bzw. in diesem Falle vielleicht violett. Unterm Strich also nichts weiter als gut verpackte Bevormundung. Welch eine Ironie, auch Würdenträger - so scheint es nach genauerem Hinsehen - können sich von ihrer Primatenerblast nicht trennen.

Das vierte Kapitel
Das Paradebeispiel Militär

Natürlich besteht die Notwendigkeit für Staaten, sich gegenüber anderen Staaten verteidigen zu müssen. Das ist leider so. Meist sind das Staaten, wo ein Diktator nicht genug bekommen kann, also jemand, der von der Sucht, andere zu bevormunden, mehr als besessen ist. Und, das noch vorweg, in diesem Kapitel geht es nicht darum, die Notwendigkeit einer Armee zu diskutieren. Es geht hier nicht um Weltpolitik oder um Verteidigungsstrategien. Das sind ganz andere Themen, die komplex genug sind um weitere, noch dickere Bücher zu füllen. Es geht auch in diesem Kapitel, wie in all den vorangegangenen Kapiteln, um Aspekte der Bevormundungssucht.

Wer die bisherigen Kapitel sorgfältig gelesen hat und diese gewissen Bevormundungsgrade manchmal nicht so richtig deutlich erkennen konnte, sollte jetzt weiterlesen. Das Militär ist quasi der Inbegriff von inszenierten Hierarchien. Fast so, als gäbe es das Militär nicht aus verteidigungstechnischen Gründen, sondern lediglich als eine Art Ventil für Bevormundungssucht. Aber im Gegensatz zum zweiten und zum dritten Kapitel, dass Kapitel mit der Politik und das mit der Kirche, wo man jeweils erst beim genaueren Hinsehen diese verborgenen Mechanismen der Bevormundung erkennt, wo Politiker gern herumdrucksen mit der Bevormundung und lieber argumentieren, alles sei ja nur zum Wohle des Volkes, oder bei den Kirchen, wo als Grund der Bevormundung gern auf eine "höhere" Instanz verwiesen wird, ist es beim Militär genau anders herum. Hier wissen alle sofort, worum es geht, worauf sie sich einlassen und wer wem was zu sagen hat.

Piekfein sauber und gestochen scharf wird hier jeder Dienstgrad beschrieben. Ob zu Lande, auf dem Wasser oder in der Luft, akribisch werden alle möglichen Befehlsgewalten in aufwendigen Tabellen dargestellt und detailliert und farbenfroh (Gold und Silber werden dafür gern genutzt) untermalt. Abzeichen, Schulterklappen und allerlei glänzendes Zubehör wird für jede noch so feine Abstufung genutzt. Und nicht nur in "Der Hauptmann von Köpenick" wird bedingungsloser Gehorsam und die Ausführung eines Befehls mit schon fast beängstigender Deutlichkeit eingefordert. Gerade beim Militär ist dieser bedingungslose Gehorsam eher ein Synonym für das Nichtmitdenken. Man soll ohne Widerworte einfach gehorchen und ausführen. Früher hieß das Kanonenfutter, heute wohl eher ferngesteuerte Marionette.

Aber, man muss natürlich der Fairness halber festhalten, das ganze Getue um diese Rangordnungen beim Militär ist - sofern keiner gezwungen wird, da einzutreten - völlig legitim. Streitkräfte sind kein Diskutierclub und im Ernstfall muss da alles zackig funktionieren. Wenn der Militärdienst auf freiwilliger Basis angetreten wird, kann man zwar drüber schmunzeln oder lästern, sich seine Gedanken machen und auch hetzerische Bücher drüber schreiben. Man kann sich aber später nicht darüber beklagen, dass man ständig herumkommandiert und evtl. auch schikaniert wird. Man kann sich nicht über ein Flottenkommando beschweren, das nicht nachvollziehbare Anweisungen gibt oder Generäle, die von oben herab mit ernster Miene irgendwelche Anweisungen heraus brüllen. Oder sogar lebensgefährliche Einsätze mitmachen muss. Das kann einem durchaus passieren. Jedenfalls hat man vorher gewusst, auf was man sich da einlässt.

Problematisch wird das mit dem Militär für den Einzelnen dann, wenn man in dem jeweiligen Land gezwungen wird, den Militärdienst zu absolvieren. Von solchen Ländern gibt es mehr als genug auf der Welt. Da ist man all den Vorgesetzten wehrlos ausgeliefert. Und zwar nicht nur das eigene Verhalten wird von anderen geregelt bzw. vorgegeben. Auch wo und wie gewohnt wird, nämlich in einer Kaserne und wie die Kleidung auszusehen hat, natürlich einheitlich, weil ja alle gleich sein sollen bis auf die, die mehr zu sagen haben.

Jedoch - mal wieder - und das mag dann wohl überraschen, ist, sofern nicht ausschließlich zur Verteidigung gedacht, der eigentliche Grund, warum Staaten sich ein teures Militär halten, eine in diesem Falle extrem erweiterte Sucht nach der Herrschaft über andere. Und zwar nicht nur die Herrschaft über die eigenen Soldaten. Auch andere Staaten lassen sich in gewisser Form mittels Militär manipulieren, zumindest aber einschüchtern. Geschichtsbücher sind nicht nur voll von solchen Eroberungskämpfen, sie bestehen quasi im Wesentlichen daraus. Eine Milliarden schwere Maschinerie bestehend aus hochqualifizierten Soldaten und modernste Technik bietet auch heutzutage ordentlich Möglichkeiten, deutlich zu machen, wer das Sagen hat, bzw. wer der globale Silberrücken ist. Und damit natürlich wer wen bevormundet. Oder zumindest das Gefühl hat, bevormunden zu können.

Und wer mal so eine richtige Militärparade gesehen hat, wo tausende von Soldaten im Stechschritt an dessen Führer vorbeimarschieren, dem wird Angst und Bange, bei dem Versuch sich vorzustellen, welch Geisteshaltung sich wohl hinter solch einem Staatsoberhaupt verbirgt.

Was geht in den Köpfen solcher Leute vor, wenn man die eigene Kriegsmaschinerie stolz zur Schau stellt? Wie sieht das im Inneren eines Menschen aus, der Genuss dabei empfindet, die eigenen Landsleute in Reih und Glied roboterartig an sich vorbei stapfen zu lassen? Gleicht man damit innere Defizite aus?

Oder ist man selbst lediglich "Opfer" einer krankhaft gewordenen Bevormundungssucht, die so weit geht, andere Menschen bzw. ganze Völker wortwörtlich angreifen zu müssen? Man bekommt den Eindruck, solange da keiner ist, der den Süchtigen bremst, wird dieser immer süchtiger danach, Menschen zu bevormunden. Wenn es ginge sicherlich auch die ganze Welt.

Die fünfte Kapitel
Ist das Klima noch zu retten

Nun, um es gleich vorweg zu sagen, das Klima der Erde ist hochgradig komplex. Das wissen wir alle. Viele voneinander unabhängige Faktoren beeinflussen das Klima auf der Erde. Nicht nur die immer wieder aufgelistete Zusammensetzung der Erdatmosphäre, wo ab und an mal vergessen wird, dass da auch Wasser drin enthalten ist, das unter anderem auch den Albedo der Erde erhöht. Auch die veränderliche Aktivität der Sonne spielt hier eine gewichtige Rolle. Möglicherweise haben auch die selten genannte Exzentrizität der Erdbahn und die kreiselnde Bewegung der Erdachse (Präzession) Einfluss auf das Klima.

Schwankungen in der Dichteverteilung der Erdmasse und der rotierende flüssige Erdkern könnten auch mitverantwortlich sein für die in diesem Zusammenhang immer wieder genannte Zunahme des Meeresniveaus. Vielleicht sind es auch nur Schwankungen und keine Zunahme. Und zu guter Letzt soll ja angeblich auch die CO_2-Konzentration in der Atmosphäre der Temperaturkurve nachlaufen, also erst erwärmt sich die Erde, dann folgt der CO_2-Anstieg in der Atmosphäre. Vielleicht weil die CO_2-Konzentration in den Ozeanen temperaturabhängig ist. Es ist sehr schwierig, hierfür Daten zu bekommen, an denen nicht herummanipuliert wurde. Und es fällt auch auf, dass Dinge, die die Menschheit nicht beeinflussen kann, gerne verschwiegen werden.

Betrachtet man die biologischen Strömungen mal ohne Menschen auf diesen Planeten und dreht ein wenig am Zeitrad in Richtung schneller, würde man erkennen, dass dieser Kohlenstoffzyklus CO_2 - Pflanze - Tier - CO_2 (also die Pflanzen entnehmen CO_2 aus der Luft, die Pflanzen werden von den Tieren gefressen, die Tiere atmen CO_2 aus) eigentlich gar kein Kreislauf ist. Ähnlich wie die Versalzung der Meere immer nur in Richtung salziger abläuft, würde dieser Kohlenstoffzyklus immer weiter ausdünnen. Immer weniger Kohlenstoff, damit immer weniger CO_2 in der Luft. Jeder zweite Baum, der dem Waldbrand entwischt wäre, würde umfallen und vom Erdboden auf natürliche Weise begraben, läge irgendwann tief unter der Erde vergraben und wäre dadurch für immer diesem Kreislauf entzogen. Mitsamt all den mühsam aus der Atmosphäre entnommenen Kohlenstoff. Jener Pflanzennahrung also, die dadurch immer knapper werden würde.

Die Ironie der Geschichte: Welch ein Segen, dass irgendwann Homo Sapiens auf der Bildfläche erschienen ist, um mit schweren Maschinen in tiefen Schächten ein Teil des für alle Zeiten dem Kreislauf entzogenem Kohlenstoff wieder ans Tageslicht zu fördern, zu verbrennen und den Pflanzen wieder als schmackhaftes CO_2 zur Verfügung zu stellen. Ist nur mal eine andere Betrachtungsweise.

Und - last but not least ein wenig Physik - entscheidend bei einem Körper, sofern keine einheitliche Temperatur wie bei einem idealen Körper mit einer unendlich hohen Wärmeleitfähigkeit, ist nicht die Temperatur selbst sondern der Energiegehalt. Also die Temperatur mal genommen mit der spezifischen Wärmekapazität und mal genommen mit der Masse. Warum? Wenn sich ein kleiner Körper von geringer Masse um sagen wir mal 2°C durch Sonneneinstrahlung erwärmt, steckt da genau so viel Energie drin als wenn sich ein doppelt so schwerer Körper sich nur um 1°C durch Sonneneinstrahlung erwärmt. Einziger Unterschied, 2°C klingen doppelt so hoch wie 1°C.

Jedoch, da dieses Buch über die Sucht, andere zu bevormunden handelt und nicht etwa über das Klima, werden wir uns hier nicht weiter mit möglichen klimatechnisch relevanten Sachverhalten auseinandersetzen.

Die Debatte, ob denn nun der Mensch die Schuld an der angeblichen Erderwärmung trägt oder nur teilweise oder gar nicht und welche Mechanismen da tatsächlich wirken, muss zwar dringend und vor allen Dingen unhysterisch geführt werden, ist hier, das mag überraschen, aber nicht unser Thema. Es geht hier nicht darum, wer der Buhmann ist beim Klimawandel und ob das überhaupt alles richtig ist was da behauptet wird.

Es geht hier darum, in wie weit ein Klimawandel als "Druckmittel" benutzt wird, um Mitmenschen zu bevormunden. Ähnlich dem Waldsterben aus den 90ern. Da ist, entgegen den Aussagen der Weltretter der Wald nicht gestorben, der hat sich auch während dieser Waldpanikzeit kräftig vermehrt. Aber das nur am Rande.

Tatsache ist, es vergeht kaum ein Tag, an dem nicht irgendwo in den Medien über die Veränderung des Klimas berichtet wird. Allerlei angsteinflößende Kommentare werden da gebracht, meistens mit dem Hinweis auf eine Erwärmung der Erde mit katastrophalen folgen für Mensch und Umwelt. Auch ohne wissenschaftlichen Hintergrund setzen sich Teilnehmer in Talkshows mit dramatischen Worten leidenschaftlich in Szene oder demonstrieren mit bunten Fahnen auf den Marktplätzen der Innenstädte. Der oben schon genannte Meeresspiegel steigt unaufhörlich, die Hurrikane nehmen zu und überhaupt, früher war auch das Wetter viel besser.

Jede Trockenperiode, jeder Herbststurm, jeder milde Winter und jeder schöne Sommer wird gleich dazu genutzt, deutlich zu machen, dass irgendetwas nicht stimmen kann mit dem Klima. Egal ob viel oder wenig Regen, alles Indizien für den baldigen Weltuntergang. Bilder von im Meer schmelzenden Eisbergen helfen dabei, dieses apokalyptische Szenario zu untermalen, am besten noch mit Eisbären drauf. Wobei Eisberge schmelzen immer, wenn sie im Meer sind, aber auch das nur am Rande.

Oft genug tauchen auch Bilder auf, wo ein Kraftwerk zusammen mit diesen klassischen Kühltürmen abgebildet ist, aus denen dicke weiße Wolken entweichen. Obwohl diese Wolken aus harmlosen Wasserdampf bestehen (der Kühlturm arbeitet mit der Verdunstungskälte), drängt sich der Verdacht auf, dass damit etwas anderes suggeriert werden soll. Jedoch, auch wenn noch so beeindruckend und damit Medienwirksam, aus Kühltürmen entweicht kein CO_2.

Unzählige Grafiken kursieren im Netz mit steil ansteigenden Temperaturkurven und zig Tabellen mit erschreckendem Zahlenwerk werden verteilt. Alles angeblich mehrfach wissenschaftlich belegt. Mehrere tausend Leute treffen sich regelmäßig irgendwo auf der Welt (und erzeugen viel CO_2 um da hinzukommen...), diskutieren und halten Vorträge um Maßnahmen festzulegen, Steuern zu erhöhen (vermutlich der eigentliche Beweggrund) und natürlich reihenweise Vorschriften zu erlassen, um dieses angeblich so gefährliche CO_2 loszuwerden.

Was ist das besondere an diesem Thema?

Die öffentliche und die veröffentlichte Meinung sind beide fast gleich. Bis auf ein paar lästige Querulanten, auch gern als Klimaleugner diffamiert, sind sich alle einig: Das Klima ist bedroht, basta. Keine Widerworte. Das ist allseits bekannt und da gibt es auch nichts zu hinterfragen. Da arbeiten sogar die meisten Regierungen dran, das Klima zu retten. Unser heiliges Klima!

Ist das Wissenschaft?

Nein. Auch wenn sich fast alle einig sind, egal ob nun 97 oder 99% der "Wissenschaftler", das ist keine Wissenschaft, ganz im Gegenteil. Es reicht noch nicht einmal, wenn sich alle einig sind. Und warum ist das keine Wissenschaft? Weil in der Wissenschaft Mehrheiten irrelevant sind. In der Wissenschaft ist jeder Querulant willkommen. In der Wissenschaft wird etwas herausgefunden und als Gedankengebäude aufgestellt und jeder ist herzlich eingeladen, einen stichhaltigen Beweis für das Gegenteil zu liefern und damit existierendes Wissen von was auch immer über den Haufen zu werfen. Oder zu festigen. Wissenschaft lebt von dem Infragestellen bestehender Theorien. Wissenschaft heißt kontrovers mit jedem zu diskutieren. Und nur die Theorien, die auch den unangenehmsten Kritiken standhalten, scheinen richtig zu sein, wenigsten bis zu dem Moment, wo neue Erkenntnisse auftauchen.

Wissenschaft ist nicht der Versuch, Behauptungen aufzustellen und diese anderen einzutrichtern. Wissenschaft ist keine Demokratie, in der Wissenschaft gibt es auch keine Autoritäten. Natürlich ist es nicht ausgeschlossen, dass sich auf Grund wissenschaftlicher Erkenntnisse auch mal alle einig sind. Aber aus der Menge derer, die das gleiche behaupten, auf dessen Richtigkeit zu schließen, ist mehr als leichtsinnig.

Und völlig unwissenschaftlich. In der Wissenschaft folgt man nicht dem Herdentrieb.

Wissenschaft heißt Wissen zu schaffen. Natürlich passieren Fehler in der Wissenschaft, und zwar mehr als genug. Aber gerade dadurch, dass sich die Wissenschaft immer wieder selbst kritisch betrachtet, werden diese Fehler aufgedeckt, analysiert und auch korrigiert. Sozusagen eine Evolution der Erkenntnisse.

Ist das denn überhaupt ein Problem, wenn die Klimadebatte nicht so wissenschaftlich fundiert ist? Selbstverständlich ist das ein Problem. Die Klimadebatte muss eine wissenschaftliche Grundlage haben. Der Grund für internationale Maßnahmen und die Ausgabe bzw. Bereitstellung von Milliarden von Steuergeldern für "Klimazwecke" sollte ausschließlich auf belegbaren und nachvollziehbaren Fakten und nicht wie in Diktaturen auf Vermutungen, Meinungen und Willkür einzelner basieren. Mögen diese noch so berühmt, mächtig und einflussreich sein.

Sofern es dem Einzelnen gelingt, die Klimadebatte emotionsarm, sachlich und vor allen Dingen auch mal mit dem nötigen Mindestabstand zu betrachten, erscheint ihm diese den Religionen beklemmend nahe. Auch hier ein weltumspannendes, alle betreffendes Thema, wo jeder allein schon wegen der skizzierten Bedrohlichkeit eingeschüchtert wird und es hohe Überwindung kostet, gegen den Strom zu schwimmen und hier Einspruch zu erheben.

Bei den Religionen, zumindest in der westlichen Welt, kommt man den Systemnutznießern aus Kapitel drei jedoch langsam auf die Schliche. Dieses ganze Religionsgebäude hat schon leichte Risse im Fundament, viele Menschen werden skeptisch gegenüber den Religionen und dem Klerus, also denjenigen, die auf dieses ganze Gebäude aufbauen bzw. ganz gut davon leben. Vielen scheint das Thema Religion zu "altbacken", einfach nicht mehr auf der Höhe der Zeit. Das sehen natürlich nicht alle Menschen so, aber die Anzahl derer, die sich von den klassischen Religionen abwenden, wächst.

Und was ist die Folge davon?

Das angeborene Verlangen von Homo Sapiens auf beiden Seiten, also sowohl bei denen, die unbedingt an etwas glauben wollen als auch bei denen, die den Drang verspüren, diesen Glauben zu verkünden, scheint ungebrochen. Die Folge davon sind neue Glaubensrichtungen.

Eine sicherlich recht provokante These, die viele verstören mag, aber der Blick in die Gesellschaft zeigt, wie stark das Bedürfnis immer wieder ist, entweder an irgendetwas zu glauben oder eben Gläubige um sich zu versammeln, die man bevormunden kann. Schwindet ein Thema, wie zum Beispiel das der Religionen, wird auf Biegen und Brechen nach Ersatz gesucht.

Wie muss dieser Ersatz beschaffen sein?

Ein komplexer, nicht sofort durchschaubarer Sachverhalt mit bedrohlichen Ausmaßen muss her. Vor allen Dingen aber auch - und das ist wohl die entscheidende Komponente, sofern man dran glaubt - am besten ein von Menschen verschuldeter Sachverhalt inklusive der Möglichkeit, ein schlechtes Gewissen einreden zu können. Und schon hat man eine vergleichbare Konstellation, nämlich ein Szenario, von dem eine Bedrohung ausgehen könnte. Und wer dies negiert, ist so was wie ein Ketzer aus der dritten Lektion, der zwar nicht mehr wie früher auf dem Scheiterhaufen landet, dafür aber von der Presse schikaniert wird. Oder in Talkshows nicht mehr eingeladen wird.

Aber, um hier keine Missverständnisse aufkommen zu lassen, nicht die Klimawissenschaft selbst, sofern tatsächlich wissenschaftlich betrieben, ist die Religion, sondern das, was viele Strategen aus diesem Thema machen und insbesondere auch den Nutzen, den einige Zeitgenossen für sich daraus ziehen, zeigt die Parallelen auf.

Was sind das für Parallelen?

Wer sich die Mühe macht, genau hinzuhören, entdeckt bei denen, die mit erhobener Stimme mahnen, auch immer wieder diese drohenden Zeigefinger, die da unterschwellig mitschwingen. All diese bösen Autofahrer, Fleischesser, Vielflieger, Kreuzfahrer und sonstige, vor allem aus der Reihe tanzenden Übeltäter würden durch ihren hohen CO_2-Ausstoß eine schwere Mitschuld an der angeblichen Klimakatastrophe unserer empfindlichen Erde tragen. Auch hier gilt analog zu "wenn Du nicht artig bist, kommst Du nicht in den Himmel" die einschüchternde Formulierung "wenn Du viel CO_2 erzeugst, bist du böse und sollst dafür bezahlen".

Klimabevormunder, also Politiker und solche Strategen, die die Möglichkeit haben, dem Bürger in die Tasche zu greifen, übernehmen mit Begeisterung diese Formulierung. Eine einmalige Chance bietet sich hier, weitere Steuern zu erheben bzw. die existierenden Steuern zu erhöhen. Der Lockruf des Geldes. Wie schon im zweiten Kapitel angedeutet, wird keine Partei dieser Versuchung widerstehen. Die edle Begründung dazu wird gleich mitgeliefert, natürlich um die Welt vor dem nahendem Hitzetod zu retten. Viele Politiker und weitere einflussreiche Personen sind hier ideologisch fixiert und glauben auch noch, die Moral gepachtet zu haben. Dafür gibt es sogar kräftigen Beifall.

Passend hierzu lehrt auch die leidvolle Erfahrung, Steuern und entsprechende Abgaben, die einmal zu diesem Thema festgelegt wurden (Ökosteuer, Energiesteuer, Erdölbevorratungsbeitrag, usw.) bleiben auch dann noch bestehen, wenn der eigentliche Grund für die Erhebung der Steuer gar nicht mehr da ist. Es finden sich immer Gründe für die Beibehaltung von Steuern und Abgaben. Und mittels Schülermarionetten lässt sich neuerdings auch einiges durchsetzen, was noch vor Jahren als völlig undenkbar erschien.

Wäre hier irgendwann eine Besserung denkbar? Also eine Besserung in dem Sinne, dass der Missbrauch komplexer Zusammenhänge für den eigenen Vorteil endlich mal eingedämmt wird? Möglicherweise. Aber erst dann, wenn die Erkenntnis, dass der Mensch gar nichts zur Klimaveränderung beiträgt, wissenschaftlich belegt ist. Was aber nicht so einfach ist, da dies naturwissenschaftliche Erkenntnisse voraussetzt. Außerdem ist es schwierig, die Nichtexistenz eines Sachverhaltes zu beweisen. Es scheint, als läge da noch ein langer und mühsamer Weg davor. Eines ist aber ganz sicher:

Es wird neue Steuern geben.

Die sechste Kapitel

Die schwindende Meinungsfreiheit

Oberflächlich betrachtet wäre man geneigt zu sagen, na ja, wenn man nicht seine Meinung sagen darf, was soll's, ich lebe mein Leben und tue trotzdem einfach das, was ich will. Stört mich also nicht. Ist doch alles gar nicht so schlimm mit der Zensur. Vielleicht auch ganz gut, wenn nicht alles geschrieben oder gesagt werden darf. Ich muss ja nicht alles hören oder wissen ...

Jedoch, wenn man glaubt, man tue auch mit leichten Informationsdefiziten trotzdem das, was man will, macht man auch tatsächlich das, was man will? Also nicht, dass man nicht das tut, was man glaubt zu wollen. Die Frage ist, wo kommt dieses "was man will" denn her? Wo und wie entsteht dieser sogenannte freie Wille, dies und das zu tun? Ab wann ist man ferngesteuert?

Letztendlich kann dieser freie Wille nur auf dem Wissen aufbauen, das man im Kopf hat. D.h. beispielsweise, wenn man nicht weiß, dass es auf der Welt Orangen gibt, wird man auch nicht auf die Idee kommen, diese Essen zu wollen. Und derjenige, der die Information, dass es Orangen auf der Welt gibt, jemand anderem vorenthält, hat mittels dieser bewussten Vorenthaltung demjenigen gegenüber nicht nur ein Wissensvorsprung.

Derjenige, der Information vorenthält, manipuliert den Unwissenden.

Dieser wird nämlich dahin bewegt, statt Orangen etwas anderes zu sich zu nehmen. Das Beispiel mit den Orangen mag lächerlich erscheinen und dient sicherlich eher der Erheiterung als der Aufklärung. Das Lächeln gefriert aber schnell, wenn man sich an Stelle von Orangen zum Beispiel Dinge wie Bücher über Freiheit, Telefongespräche ins Ausland und das Internet vorstellt.

Von außen betrachtet ist der Schluss also zulässig, wenn man den Informationsfluss in einer Gesellschaft kontrolliert und selektiv steuert, kann man damit die ganze Gesellschaft so ziemlich nach belieben kontrollieren und manipulieren. So wie in Nordkorea beispielsweise, wo Millionen von armseligen und vor allen Dingen unwissenden Marionetten nicht nur nach der Pfeife eines einzelnen Meinungsbeschneiders tanzen müssen. Also nicht nur, dass da keiner mehr nach Orangen fragt, einfach weil keiner weiß, dass es diese leckeren Früchte gibt. Man fragt aus Unkenntnis auch nicht mehr nach anderen Dinge wie beispielsweise Demokratie und Reisefreiheit und glaubt tatsächlich, dass hinter der Grenze der Feind lauert.

Das ist tatsächlich möglich, man muss nur den Informationsfluss zu den Menschen entsprechend eindrosseln. Zum Beispiel mittels Staatsfernsehen und Internetzensur. Da braucht man lediglich einige Korrekturen vorzunehmen, allgemein zugängliche Quellen entsprechend zu beschneiden und den Menschen grundsätzlich verbieten, alles zu sagen oder zu schreiben. Und man muss die Menschen wissen lassen, dass sie hart bestraft werden, wenn sie sich Informationen aus verbotenen Quellen beschaffen (z.B. Westfernsehen gucken...) oder etwas sagen oder schreiben, dass nicht erlaubt ist. Dann glauben die Menschen auch an die Lügen, die man ihnen erzählt, denn sie können es dann ja auch nicht besser wissen.

Nun könnte man einwenden, dass ja wenigstens noch die Gedanken, mögen sie auf noch so einem geringem Wissen aufbauen, frei sind. Aber es ist ein Irrtum, zu glauben, dass derjenige, dem man das Sprechen und Schreiben beschnitten hat, noch frei denken kann. Es gibt keine Freiheit des Denkens ohne die Freiheit der ungehinderten Mitteilung des Gedachten. Die berühmte Schere im Kopf.

Nur echte Meinungsfreiheit ermöglicht auch freies Denken.

Daher gilt, in einer offenen Welt, einer Welt, in der echte Meinungsfreiheit herrscht, kann nicht nur jeder das sagen und schreiben, was er will. Jeder ist genau deswegen auch vielseitiger und besser informiert und kann dadurch auch freier denken! Es ist zwar nicht immer alles richtig, was dann gesagt und geschrieben wird (auch dieses Buch erhebt darauf keinen Anspruch) und je mehr gesagt und geschrieben wird, desto mehr Unsinn wird auch verbreitet. Das mag sicherlich stimmen.

Jedoch ist die Summe von allem, was dann gesagt und geschrieben wird, dadurch ausgewogener und entspricht eher der Wirklichkeit. Entscheidender ist aber, man erhält ein Abbild der freiwillig preisgegebenen Gedanken einer Gesellschaft. Eine sehr interessante Vorstellung und zwar einfach deswegen, weil es keine Kriterien gibt, nach denen Gesagtes und Geschriebenes gefiltert wird. Jeder der will, kommt zu Wort, egal womit. Selbstverständlich auch die Bedenkenträger der freien Meinungsäußerung. Sollen sie auch.

Monsieur de Voltaire, ein französischer Philosoph und Schriftsteller aus dem 18. Jahrhundert, soll einmal gesagt haben sinngemäß: "Ich mag verdammen, was du sagst, aber ich werde mein Leben dafür geben, dass du es sagen darfst". Welch weise Worte eines Mannes, der vor über 200 Jahren gelebt hat. Die philosophische Tiefe dieser Aussage muss man erst mal verstanden haben. Es bleibt wohl eine Illusion zu glauben, dass sich die heutigen Meinungsbeschneider eine Scheibe davon abschneiden.

Eine Gesellschaft, in der echte Meinungsfreiheit herrscht, wird sicherlich auch unzählige Lügner und Scharlatane hervorrufen und auf die Bühne lassen. Reflexartig wird dies immer wieder als die Kehrseite der Medaille genannt. Schaut man aber genauer und vor allen Dingen auch unvoreingenommen hin, was übrigens gar nicht so einfach ist, stellt man fest, dass auch da, wo keine Meinungsfreiheit herrscht, die Anzahl der Lügner und Scharlatane keinesfalls geringer ausfällt. Der einzige Unterschied dabei, diese Lügner und Scharlatane verbreiten nur noch einseitige, vorher abgesprochene oder angeordnete Lügengeschichten. Diese Lügner und Scharlatane sind brave, linientreue Genossen und werden sich einfach davor hüten, etwas anderes als das Erlaubte zu sagen. Einfach um am Leben zu bleiben oder nicht im Gefängnis zu landen. Die verbreiten dann nur noch die Lügen, die sie verbreiten sollen. Meistens natürlich, auch das überrascht nicht, zu Gunsten desjenigen, der die Macht hat, die Meinungsfreiheit einzuschränken. Kein Machthaber der Welt beschneidet die Meinungsfreiheit zu seinen Ungunsten.

Jeglicher Eingriff in die Meinungsfreiheit führt sofort zu einem einseitigen Meinungsspektrum. Daraus folgt die nicht überraschende Erkenntnis: Der Meinungsbeschneider müsste sich eigentlich rechtfertigen für seine Tat.

Jedoch, bevor wir nun glauben, leichtfertig aus dem sich anbahnenden Streit zwischen Gegnern und Befürwortern der Meinungsfreiheit uns als Sieger zu fühlen, da ja nachvollziehbar der Meinungsbeschneider seine Tat begründen muss und nicht der in seiner Meinung beschnittene, sollten wir hier erst mal eine erweiterte und deutlich tiefere Sichtweise dieser Sachlage anstreben, auch wenn es im ersten Moment wie eine Manipulation des Denkens erscheint. Denn, zu leichtfertig empört man sich - völlig zu Recht - über diejenigen, die mittels der Macht der Meinungsbeschneidung einem das Wort verbieten und vergisst dabei die eigentliche, noch viel schwerwiegendere Konsequenz, die sich hinter der Beschneidung der Meinungsfreiheit verbirgt.

Welche so schwerwiegende Konsequenz kann das sein?

Nun, wie weiter oben schon angedeutet, es sind nicht nur diese nicht mehr gesagten Nebensächlichkeiten oder üble Worte, die bei der Einschränkung der Meinungsfreiheit mit unter dem Tisch fallen. Oder gar um Ansichten Andersdenkender, die dann nicht mehr publik werden, weil nicht mehr ins Weltbild des Beschneiders passen. Und von den vielen immer wieder wachrüttelnden Argumenten und Ansichten von Trotzköpfen wie Galileo, Darwin, Einstein, etc. mal ganz zu schweigen. Übrigens Trotzköpfe, die die Welt zum Positivem verändert haben.

Es ist noch viel mehr. Fast unser gesamtes persönliches Wissen basiert auf dem Austausch von Erfahrungen mit unseren Mitmenschen. Fast alles, was wir uns an Wissen angeeignet haben, wurde mittels geschaffener Bilder und Sprache in unseren Köpfen transportiert. Der Anteil an selbst gemachter Erfahrung, mag er noch so wertvoll und fest verankert sein, also dieses "Wissen aus erster Hand", ist mit fortschreitender Zivilisierung immer geringer geworden im Vergleich zu dem nicht selbst erfahrenem Wissen. Das ist keine Kritik an unser Bildungssystem, das ist ein unermesslicher Vorteil. Das ist der Grund, warum wir überhaupt so zivilisiert und gebildet leben können!

Wir haben es geschafft, Wissen nicht nur mittels eigener Erfahrung uns anzueignen. Wir transportieren unser Wissen, d.h. wir teilen unser Wissen und unsere Erfahrungen mit unseren Mitmenschen. Mittlerweile mit Menschen aus der ganzen Welt.

Wir haben es geschafft, Erfahrung vermittelbar zu machen.

Dafür bedient sich der Mensch unter anderem seiner hochentwickelten Sprache und der Fähigkeit, Bilder zu schaffen. Neuerdings auch noch die Möglichkeit, Bilder, Texte und gesprochenes von was auch immer blitzartig und weltweit auf elektronischem Wege an jedem beliebigen Menschen zu übermitteln, fast egal, wo der sich gerade befindet.

Den Grad einer Zivilisation erkennt man am Grad des Gedankenaustausches. Dumme reden nicht miteinander. Und wenn man nicht miteinander redet, entstehen kaum neue Gedanken. Mitunter entstehen aus diesem gegenseitigen Schweigen heraus sogar Abneigung und Hass. Hätten wir für uns diese Möglichkeiten nicht geschaffen, miteinander derart unser Wissen und unsere Erfahrungen auszutauschen, würden wir wohl immer noch ohne wärmendes Feuer in irgendwelchen Höhlen hocken, Gewalt auf andere ausüben, weil wir sie nicht verstehen und mühselig und entbehrungsreich unser Dasein fristen.

D.h., wer durch die Sucht, andere zu bevormunden, hier ansetzt und meint, zum Schutz der Gesellschaft die Meinungsfreiheit einschränken zu müssen (an dieser Stelle muss man sich die eingeblendeten Lacher vorstellen), schadet der Gesellschaft mehr als dass er ihr nützt. Egal welches Thema beschnitten wird, das verletzliche Fundament, auf dem unsere Zivilisation aufgebaut ist, nämlich das des gegenseitigen Gedankenaustausches, wird dadurch erheblich gestört bzw. manipuliert. Möglicherweise ist es sogar das Ziel der Bevormunder, das Denken der Gesellschaft zu lenken bzw. einzuschränken, in dem sie die Grenzen des Sagbaren immer enger ziehen.

Schweigende lassen sich besser dirigieren.

Meinungsfreiheit gibt es nicht geregelt oder eingeschränkt oder etwa nur dies und das. Meinungsfreiheit kann auch nicht irgendwie "zugeteilt" werden, nach dem Motto, du darfst zwar alles sagen, aber dieses oder jenes Thema bitte doch nicht ansprechen. Oder nur die und der darf das und das sagen. Das ist keine Meinungsfreiheit. Meinungsfreiheit heißt, jeder darf alles sagen.

Meinungsfreiheit gibt es oder es gibt sie nicht.

Und, da die Machthabenden oft jegliche Aufklärung in Richtung Freiheit fürchten wie der Teufel das Weihwasser, wird ganz langsam aber stetig an der Meinungsfreiheit gesägt. Würde man das zu drastisch machen, würde man das irgendwie zu deutlich spüren, das Volk würde aufmucken. Das darf auf keinen Fall passieren. Regieren in den Köpfen der Regierenden heißt ja nichts anderes als seine Untertanen zu führen (siehe das zweite Kapitel...). Und diese Untertanen sollen auch Untertanen bleiben, sonst lassen sich diese nicht mehr so leicht führen.

Von Benjamin Franklin, dem Erfinder nicht nur des Blitzableiters, stammt das Zitat: "Wer immer die Freiheit einer Nation abschaffen möchte, muss damit beginnen, die Redefreiheit zu unterdrücken." Das Gute an dem Zitat, es trifft den Nagel auf dem Kopf. Das Schlechte, das Zitat klingt eher wie eine Bedienungsanleitung. Es fehlt irgendwie der Aha-Effekt. Das liegt aber daran, dass lediglich diejenigen, die in ihrer Meinung beschnitten werden, also die, die auch etwas sagen, was andere nicht hören wollen, die Zensur bemerken. Nur der zensierte spürt, wenn ein Dritter, dem diese Meinung nicht gefällt, eingreift. Im Sinne von nur wer sich bewegt, spürt seine Ketten.

Natürlich geben die Meinungsbeschneider und deren Befürworter, also die, die in ihrer Meinung zwar beschnitten werden, dies aber für richtig halten (die gibt es tatsächlich), nicht so schnell auf. Das Argument, dass man zu gerne immer wieder vorbringt gegen die totale Redefreiheit, man dürfe dabei aber nicht beleidigen, lauert schon um die Ecke. Spontan wehren sich diejenigen, die Sorge haben, beleidigt zu werden. Und das kann man auf keinem Fall zulassen. Wer hier widerspricht, der bekommt eine heftige Welle der Entrüstung zu spüren. Das will natürlich keiner. Die Rufe nach Zensur aus dieser Richtung ertönen daher laut und deutlich. Und es scheint so, dass es den Bevormundern endlich gelungen ist, mit dem Beleidigungsargument ihre Widersacher zum schweigen zu bringen und dadurch einen gangbaren Weg gefunden zu haben, ihre Sucht nach Bevormundung ausleben zu können.

Jedoch, wie immer, ist die Sachlage auch hier etwas komplizierter als die von den Bevormundern gern zu deren Vorteil dargestellt. Die Frage ist nämlich, wer entscheidet, ab wann eine Aussage eine Beleidigung ist. Ist das der Beleidigte selbst? Wenn dem so wäre, dann wäre ja der

Beliebigkeit Tür und Tor geöffnet. Dann könnte jeder für sich schon ein weggelassenes Lob als schwere Beleidigung deklarieren. Oder man empört sich über irgendwelche Karikaturen... Das geht natürlich gar nicht.

Nun, momentan entscheiden ja, zumindest in der westlichen Welt, Gerichte darüber, was eine Beleidigung ist bzw. - und das ist oft nicht ganz einfach - ab wann eine Aussage strafbar ist und wie hoch die Strafe ausfallen sollte. Und gerade weil dies für den kleinen Mann auf der Straße nicht so einfach ist, folgt hieraus, im täglichen Leben lieber zu viel weglassen oder löschen als eine Strafe zu riskieren. Man verkneift sich schon mal des öfteren irgendwelche Kommentare, die vielleicht schmerzhaft aber doch hilfreich gewesen wären. Man vermeidet das eine oder andere mal eine vielleicht heftige, aber am Ende doch klärende Diskussion. Richtige Debatten finden nicht mehr statt. Es wird nicht mit Argumenten gestritten, sondern nur noch mit Moralkeulen, da kann man nichts verkehrt machen.

Also lieber nichts sagen, besser keinen kritischen Gedankenaustausch. Lieber nur hübsch zusammensitzen und freundlich lächeln. Das kommt bei vielen gut an, ist nett, total oberflächlich und nennt sich "Political Correctness". So eine Art plastisches Chirurgie an den Ansichten Andersdenkender, die veröffentlicht werden sollten. Viele Sachverhalte bleiben dieser Political Correctness wegen unausgesprochen. Und wehe demjenigen, der aus dem Rahmen fällt. Der Political Correctness geht es nicht darum, eine abweichende Meinung als falsch zu deklarieren, sondern denjenigen, der eine andere Meinung hat, als unmoralisch zu verurteilen. Wer widerspricht, wird nicht mit Argumenten widerlegt, sondern zum Schweigen gebracht. Andersdenkende werden verachtet, aber nicht wegen der Gedanken sondern - Geschichtsbücher sind voll davon - weil die Gedanken von dem abweichen, was die Mehrheit denkt bzw. denken soll. Wie im Mittelalter, da hat man auch auf Kritiker und Abweichler eingeprügelt.

Dass man deshalb vieles nicht mehr sagt, ist dabei gar nicht das schlimmste. Verhängnisvoll ist, dass man anfängt, das nicht mehr gesagte auch nicht mehr zu denken. Dieser Zusammenhang wird oft weit unterschätzt. Nach den Sprechverboten kommen die Denkverbote. Offensichtlich wollen die Meinungsbeschneider ja gerade dieses freie Denken einschränken, siehe weiter oben. Gibt es hierzu denn keine Alternative? Doch, die gibt es. Und die beginnt mit einem Zitat:

Beleidigungen schmerzen nur da, wo sie treffen. Oder wie es mal Seneca vor 2000 Jahren formuliert hat: Ein Mann von starkem Geist und richtiger Selbsteinschätzung rächt sich nicht für Beleidigungen, denn die bedeuten ihm nichts. Also nur die Wahrheit tut weh.

Nun, die Alternative sieht so aus, dass grundsätzlich jeder alles sagen darf, es gibt kein Redeverbot mehr. Die übelsten Schimpfwörter sind erlaubt. Warum auch nicht. Eine Beleidigung die nicht trifft, ist keine. Warum soll man ein Problem damit haben, wenn jemand anderes Unsinn von sich gibt? Das passiert doch ständig.

Derjenige, der Beleidigungen gar nicht erst auf sich bezieht bzw. diese gar nicht weiter beachtet, weil sie einfach nicht zutreffen, ist immer im Vorteil gegenüber demjenigen, der sich beleidigt fühlt und nach fremder Hilfe ruft. Warum ist derjenige im Vorteil? Weil derjenige sich nicht in die Abhängigkeit derer begibt, die Schutz versprechen (und meistens nicht halten). Eine angebliche Beleidigung verhallt damit völlig ungehört. Der Beleidiger zieht sich damit vielleicht sogar selbst ins Lächerliche. Trifft eine Aussage zu, mag sie zwar beleidigend sein, jedoch wurde dann ja lediglich die Wahrheit gesagt. Das Aussprechen der Wahrheit sollte man nicht bestrafen.

Diese Schutz versprechenden, also sozusagen die "edlen Helden und Heldinnen" aus der Menge, springen dem Beleidigten auch ungefragt immer gern und schnell helfend zur Seite, ganz so wie ein tapferer Ritter. Aber vielleicht geht es denen lediglich darum, den eigenen Bevormundungstrieb auszuleben. Man empört sich eifrig über eine mögliche Beleidigung und gleichzeitig wird der Aussprecher der Beleidigung gerügt. Am besten noch mit moralischer Unterstützung der Danebenstehenden. Man hat die Masse hinter sich, das passt immer.

Durch diese Zustimmung inkl. Applaus der Danebenstehenden ist der Rücken gestärkt für das Setzen des ersten Pfeilers als Fundament der Meinungsbeschneider. Die erste Keimzelle sozusagen, um von da aus, wenn auch ganz langsam, weiter gegen die Aussprache Andersdenkender vorzugehen. Wenn man zunächst einen Basispunkt gesetzt hat, ist es viel leichter, von dort aus weiter zu operieren. Wie immer, Stück für Stück, zwar in winzig kleinen Schritten, aber stetig.

Nüchtern betrachtet ist jedoch lediglich derjenige, der maßregelnd eingreifen will, in der Pflicht, sich rechtfertigen zu müssen. Mit welchem Recht ergreift dieser Partei für den angeblich Beleidigten? Aus Angst vor unterlassener Hilfeleistung etwa? Dieser wird doch erst dann zum "Hilfebedürftigen", wenn jemand anderes meint, hier unbedingt helfend eingreifen zu müssen.

Es ist die fremde Hilfe, die den Beleidigten schwächt.

Ein weiteres und oft auch unterschätztes Kapitel der Meinungsunfreiheit ist die Beschneidung der Werbefreiheit. Auch das ein weiteres Feld, wo Meinungsbeschneider meinen, sich austoben zu müssen. Ein Feld, wo die Meinungsbeschneider meinen, es drohe der Gesellschaft riesiges Unheil, wenn man da nicht rigoros durchgreift. Natürlich immer nur unter dem Vorwand, den armen und hilflosen Bürger vor übler Werbeattacke der bösen Konzerne zu schützen.

Bestes Beispiel ist die Art, wie mit Werbung umgegangen wird, in der nicht mehr vollständig bekleidete weibliche Körper gezeigt werden. Wenn sich - das gilt natürlich auch für Männer, obwohl da der Aufschrei nicht ganz so hysterisch ist - eine Frau gern vor der Kamera - freiwillig - auszieht und sich filmen oder porträtieren lässt und vielleicht sogar Spaß daran hat und auch noch Geld damit verdient, wo ist das Problem? Wer wird geschädigt? Ist das etwa der nackte menschliche Körper der stört? Wer mit dem nackten oder halbnackten menschlichen Körper ein Problem hat, der hat wirklich ein Problem, aber mit sich selbst. Die meisten Verhaltensstörungen findet man nicht am FKK-Strand sondern da, wo Zwangsverhüllung angeordnet wird. Dort, wo andere über die Kleiderordnung entscheiden. Dort, wo man Scham anerzogen bekommt und am liebsten alles bedeckt. Auch das Gesicht.

Mal abgesehen davon, dass es schon fast unerträglich geworden ist, wie sich hier einige Meinungsbeschneider anmaßen, ja man ist fast geneigt zu sagen sich erdreisten, bestimmen zu wollen, wer was zeigen darf. Was für eine Motivation könnte sich dahinter verbergen? Es kann nur die krankhafte Sucht nach Bevormundung sein, die einige Zeitgenossen, in diesem Falle vor allen Dingen auch Zeitgenossinnen, zu solchen Aktionen treibt.

Dabei gibt es ein ganz einfaches und vor allen Dingen vollkommen demokratisches und extrem wirkungsvolles Mittel, hier zu agieren. Sofern sich jemand an einer bestimmten Form von Werbung stört oder diese unpassend findet, muss er oder sie lediglich damit aufhören, die mit dieser Werbung beworbenen Produkte zu kaufen. Egal was für ein Produkt oder Dienstleistung dies sein soll. Das kann im Supermarkt stattfinden, beim Autokauf oder beim unterschreiben von Versicherungsverträgen. Die Waren bleiben einfach im Regal liegen, im Laden stehen und die Dienstleistungen werden einfach nicht beauftragt.

Hersteller beobachten sehr genau die Ergebnisse ihrer gezeigten Werbemaßnahmen. Sollte deutlich werden, dass eine bestimmte Werbung auf Grund der Tatsache, dass sich mögliche Kunden daran stören, nicht so gut ankommt, was an den sinkenden Verkaufszahlen für das beworbene Produkt auch erkennbar wird, wird diese Werbemaßnahme sofort zurückgezogen. Dabei ist es völlig gleichgültig, aus welchen Gründen, diese legt der potentielle Kunde für sich fest. Jeder darf seine ganz persönlichen Gründe dafür wirken lassen. Ist man der oder die einzige, oder einer oder eine unter wenigen, hat man Pech gehabt. Wenn die Mehrheit mit einer Werbeaktion einverstanden ist und dies über ihr Kaufverhalten zeigt, ist doch alles in Ordnung. Das ist Demokratie. Und Demokratie hat den Vorteil, dass alle mitbestimmen dürfen.

Mit diesem Kapitel sollte die Tragweite der Auswirkungen beim Beschneiden der Meinungsfreiheit zum Ausdruck kommen. Jedoch, solange wie die "Atmosphäre des Gedachten", also alles das, was in den Medien transportiert wird und die Summe dessen, was nicht nur öffentlich gesagt wird, irgendwie künstlich manipuliert wird, sind erhebliche Bedenken an der "Genesung" dieser Art der Bevormundung angebracht. Bildlich gesprochen stehen die Leuchttürme der Meinungsfreiheit immer noch in ziemlich dichtem Nebel.

Und, betrachtet man rückwirkend die Menschheitsgeschichte unter dem Aspekt der Meinungsfreiheit, lassen sich, wenn überhaupt, Fortschritte in Richtung Meinungsfreiheit nur mit quälender Langsamkeit erkennen. Man muss schon sehr weit zurück ins Mittelalter blicken, damit wenigstens ein leichter Trend sichtbar wird. Es lassen sich aber immer wieder Rückschritte erkennen...

Die siebte Kapitel

Der Veganer, der Grüngutmensch und der Esoteriker

Bei den vorangegangenen Kapiteln waren die jeweiligen Themen selbst, also Politik, Religion, Militär, etc. relativ klar zueinander abgegrenzt. Politik und Religion sind sich zwar im Sinne der Bevormundung, wie wir festgestellt haben, ziemlich ähnlich, lassen sich aber dennoch inhaltlich - zumindest in den säkularen Staaten - gut voneinander unterscheiden. Komplett verschieden dazu ist das Thema mit dem Klima, die Mechanismen der Bevormundung sind aber auch da vergleichbar. Die Bevormunder ließen sich leicht entlarven.

Zwar fällt das Militär in diesem Zusammenhang ein wenig aus dem Rahmen, jedoch besteht auch da lediglich ein gradueller Unterschied zu den vorangegangenen Kapiteln. Auch da ist das Prinzip identisch, es ist nur extrem deutlich. Man muss da nicht um die Ecke denken oder zwischen den Zeilen lesen. Da kann der blinde Fleck noch so blickdicht sein, beim Militär ist Bevormundung angesagt und für jeden klar erkennbar. Das ganze wird da ja auch immer wieder mal ordentlich zelebriert.

Und was ist in diesem Kapitel dran? Hier sind diese unzähligen kleinen Versuche von Mitmenschen dran, unter Zuhilfenahme ihrer selbst zusammengebastelten (mir ist kein passenderer Begriff eingefallen) Daten, Sachverhalte und "Fachwissen" in unsere ganz persönliche und verletzliche Freiheit einzugreifen. So eine Art Miniaturausführung der vorangegangenen Kapitel.

Es geht um Mitmenschen, die es nicht lassen können, im ganz normalen Alltag, anderen Menschen unbedingt sagen zu müssen, was sie zu tun und zu lassen haben. Mitmenschen, denen jedes Mittel recht ist, solange sie damit andere Menschen bevormunden können. Oder wenigstens ein wenig manipulieren können. Oder zu beherrschen. Oder auch mal gerne Verbote und Vorschriften erlassen oder es zumindest versuchen.

Und wie machen diese Mitmenschen so etwas am besten? In dem sie mittels dieser selbst zusammengebastelten Daten und Sachverhalte zunächst eine Behauptung aufstellen oder irgend eine Sachlage beschreiben, die, so hoffen diejenigen die das aussprechen, komplex genug und dadurch schwer zu verstehen ist, so dass der Zuhörer das zunächst einmal so hinnimmt und vielleicht auch ein bisschen verunsichert ist. Das passiert schon mal mit Sachverhalten, die dem Zuhörer unbekannt oder nur schwer nachzuvollziehen sind oder im ersten Moment gar nicht widerlegbar erscheinen. Am besten sind natürlich Sachverhalte, die schon von vielen geglaubt werden oder von irgend so einer Autorität - eine völlig wertlose Eigenschaft - ausgesprochen wurden. Oder man benutzt die veröffentlichte Meinung, also letztendlich die Meinung von Journalisten in ihren Schreibstuben und Fernsehstudios. Das kommt öfters vor, als man denkt.

Das sagen doch alle, nur du nicht ...

Also so ähnlich wie die Geschichten mit dem Klima aus dem vierten Kapitel oder z.B. die allseits gefürchtete, weil angeblich nicht mehr beherrschbare Kernenergie. Oder die von allen so verachtete Gentechnik (die Tomaten sind voll mit Genen). Oder die vielen schon mit Chemie verseuchten Lebensmittel, die uns alle krank machen (zwar steigt die

70

Lebenserwartung ständig, aber das zählt nicht). Oder der deutsche Wald, der schon seit dem Jahr 2000 tot ist. Oder die Homöopathie, die ganzen Wunderheiler (man muss schon dran glauben, sonst wird das nichts) und diese freie Energie, die man nur anzapfen muss (aber an welcher Stelle bloß). Und, um Himmels willen, fast vergessen, das die Adern verklebende Cholesterin und der die Bronchien verstopfende Feinstaub. Die Liste ist natürlich lange nicht vollständig, Beispiele gibt es wie Sand am Meer.

Wenn ein Bevormundungssüchtiger dann das Gefühl hat, mittels solchen "bearbeiteten" Daten und Sachverhalte seinen Zuhörern verbal überlegen zu sein, kann er auf diese dann ordentlich einreden. Die komplexen Sachverhalte werden genutzt, um einzuschüchtern. Dann vielleicht argumentativ in die Enge zu treiben und dann endlich zu maßregeln. Gern auch in einer größeren Runde, denn im Kollektiv drescht es sich noch viel besser auf einen widerspenstigen Renegaten ein. Ähnlich dem Märchen "des Kaisers neue Kleider", da stand auch der Herdentrieb vor dem Sachverstand. Wie so oft.

Natürlich ist es nicht immer so, wenn jemand etwas kompliziertes erklärt, dass dieser auch gleich bevormunden will. Nicht alle Verfechter ihres Themas sind potentielle Bevormunder. Genug Menschen wollen lediglich ihre Meinung zu einem entsprechenden Thema äußern oder interessante Sachverhalte beschreiben. Das ist nicht nur gut so, das ist unbedingt auch notwendig in einer freien Gesellschaft. Ganz im Sinne vom sechsten Kapitel, das mit der Meinungsfreiheit, soll sich sogar jeder zu seinem Thema äußern.

Aber was sind denn nun hier die Mechanismen, die die Behauptung zulassen, komplexe Sachverhalte könne man ganz gut für die

Befriedigung der eigenen Sucht nach Bevormundung nutzen? Es ist dieses bisschen, das über diese selbstverständlich richtige Meinungsfreiheit drüber hinaus geht. Also nicht nur von sich zu geben "das und das finde ich besser oder nicht so gut weil..." als ganz normalen Gedankenaustausch. Sondern direkt an diese Aussagen dran hängen ähnliche Formulierungen wie:

"und deswegen solltest du auch mal ...".

Man muss da ganz genau hinhören, es sind mitunter nur ganz feine Unterschiede in den Formulierungen, die der Bevormundende von sich gibt. Nuancen in der Ausdrucksweise und auch der Körpersprache. Jedenfalls gehen diese feinen Details in langatmigen Vorträgen oder in lauten und leidenschaftlichen Diskussionen oft unter bzw. wir nehmen es gar nicht mehr bewusst wahr. Manchmal sind es aber auch nur gewisse Handlungen.

Wenn jemand kein Fleisch essen möchte, weil es ihm nicht schmeckt oder weil er nicht möchte, dass seinetwegen Tiere getötet werden, ist das völlig in Ordnung. Das muss - wie immer bei solchen Dingen - jeder für sich selber losgelöst und völlig unabhängig entscheiden. Jedoch, wenn dieser jemand nun versucht, dem Currywurst-Gourmet wegen seines Fleischkonsums ein schlechtes Gewissen einzureden, dann fängt das Bevormundungsproblem an. Wenn dieser jemand auch noch seine eigenen Kindern bevormundet, in dem er ihnen tierische Kost vorenthält, dann haben diese Kinder bald zwei Probleme. Erstens ein Problem der nicht mehr ausgewogenen Ernährung und zweitens, was fast noch schlimmer ist, wenn man an die Folgen denkt, das Problem der dann nicht mehr neutralen Meinungsbildung während der eigenen Kindheit.

Also die für das spätere Leben an Wichtigkeit nicht zu unterschätzende Fähigkeit, Dinge neutral und mit Abstand zu betrachten. Und dann erst zu beurteilen. Übrigens bekommen auch die Eltern Schwierigkeiten, da diese Probleme auch heftig zurück reflektieren können. Die nicht immer ganz einfache Gratwanderung, bei der Erziehung zu erziehen, wird in einem solchen Fall klar und deutlich überschritten.

Noch schlimmer ist es, wenn sogenannte Helfer und Besserwisser statt auf Schulmedizin lieber auf Hokuspokus und Homöopathie setzen, also lieber Blütentee statt Antibiotika. Die passende Formulierung wird gleich mitgeliefert, "den solltest du mal trinken, das hat bei Tante Frieda auch geholfen". Ist der Patient geheilt, lag es natürlich am Tee. Bleibt der Patient krank oder hat der Patient gar nicht überlebt, hat er zu spät mit dem Tee angefangen. Im Nachhinein lässt sich alles prima hinbiegen und argumentieren.

Wenn jemand der Meinung ist, gegen seine Kopfschmerzen hilft nur ein hoch potenziertes homöopathisches Mittel, also ein Mittel mit so etwas wie ein D30 auf dem Etikett, dann soll dieser jenige selbstverständlich sein Mittel einnehmen. Auch das ist völlig in Ordnung. Nicht ausgeschlossen sogar, dem Placebo-Effekt sei Dank, dass dabei auch noch die Kopfschmerzen verschwinden, was wirklich positiv zu sehen ist. Der Zweck heiligt da tatsächlich die Mittel. Sollten sich bei der Einnahme Nebenwirkungen zeigen, so sind diese mit Sicherheit eingebildet, also so etwas wie der Nocebo-Effekt. Denn in den meisten D30-Fläschchen ist kein einziges Molekül vom Wirkstoff mehr drin. Das kann man auch selbst ausrechnen, man benötigt dafür lediglich ein wenig naturwissenschaftliche Kenntnisse. Wenn dieser jemand seiner Großmutter nahe legt, ein homöopathisches Mittel gegen ihren Tumor einzunehmen anstatt diesen medizinisch behandeln zu lassen, scheint die Erbmasse besonders groß zu sein.

Anderes Thema. Wenn jemand behauptet, die Kernenergie sei nicht beherrschbar und wir sollten daher alle schleunigst die Finger davon lassen, dann wäre es richtiger zu sagen "Ich habe aus Unkenntnis vor der Kernenergie Angst davor und würde daher lieber nicht den Strom aus solchen Kraftwerken nutzen wollen".

Wenn sich ein Kernkraftgegner an die Gleise kettet, auf denen ein Castor-Transport rollen soll, was ist das Ziel einer solchen Aktion? Die Menschheit vor dem Inhalt des Castor-Behälters zu retten? Das wird natürlich gern so dargestellt, ein mutiger Held opfert sich selbstlos für die ganze Menschheit. Wahrscheinlich geht es eher um die Machtprobe, den bösen Zug zum Halten zu zwingen. "Seht her, ich habe gewonnen!". Wer in seiner Kindheit zu wenig gelobt wurde, muss wohl später einige Defizite ausgleichen - und das klappt in der Menge Gleichgesinnter natürlich recht gut.

All diese Umweltverbände, Aktivisten, Naturschützer, etc. kämpfen die wirklich für die Umwelt? Für eine gute Sache? Setzen die sich wirklich für die Allgemeinheit ein? Für den Wald, das Meer und Freitags für das Klima? Oder geht es diesen Umweltaktivisten nicht auch ein bisschen um einen gewissen Machtkampf, also letztendlich auch da ein Versuch der Bevormundung derer, die (jetzt kommt der Klassiker) größere Autos, größere Häuser oder gar große Yachten besitzen? Ein bisschen Neid gehört wohl auch immer dazu.

Wie die meisten Bewegungen dieser Art, die zu Beginn ein aus deren Sicht durchaus legitimes Ziel verfolgen, radikalisiert sich bei nur schwachem Erfolg dann eine hitzköpfige Minderheit und begeht Straftaten, die als moralische Pflicht zum Widerstand erklärt werden. Also wenn der Zwergenaufstand ohne schlechtes Gewissen ins kriminelle kippt. Jedoch, die Euphorie für "ökologisch erzeugten Strom" (was das auch immer sein soll) schwindet schnell, sobald man die erste Stromrechnung von dem selbst verdienten Geld bezahlen soll.

Beim Thema Energie lassen sich die Bevormunder übrigens leicht entlarven. Denn, sobald es sich um schwierige physikalische Sachverhalte handelt, die Kenntnisse in Physik und Technik voraussetzen, werden die Argumente oft schwach und Wissen durch Lautstärke, Gruppenzwang und falsche Zitate ersetzt. Ein gutes Beispiel hierfür ist die oben schon genannte Kernenergie. Darüber eine sachliche Diskussion zu führen mit Gegnern dieser Form der Energiegewinnung ist fast gar nicht möglich. Gehört man zu den Kernkraftbefürwortern und versucht, dieses Thema objektiv anzugehen, wird man ziemlich schnell in die Rechtfertigungsecke geschoben und muss sich lautstarkes und völlig unqualifiziertes Geschrei von allen Seiten anhören.

Wie gefährlich ist so ein Castor-Behälter für die Welt? Hat das ein Kernkraftgegner mal berechnet? Die Wahrscheinlichkeit ist gering, denn nachplappern ist leichter als nachdenken. Statt Freitags für das Klima rumzuhüpfen oder auf die Gleise zu gehen und dabei die Schule zu schwänzen, wäre Kerntechnik, oder zumindest etwas Physik als Schulfach an dem Tag vielleicht die bessere Wahl. Denn, um es mit den Worten von Marie Curie zu sagen: Was man verstehen gelernt hat, fürchtet man nicht mehr.

Aber wenn schon nicht Kerntechnik oder Physik, weil das Verstehen dieser Themen doch mit harter Arbeit verbunden ist, dann wenigstens Statistik. Zwar werden auch da Tabellen nicht immer schön korrekt und unmanipuliert dargestellt, ganz bestimmt aufschlussreich sind sie aber, wenn man die Stromerzeugungsarten unter dem Aspekt der Opfer pro erzeugter kWh vergleicht. Statt unqualifiziertes Gejammer schafft man damit eine für alle nachvollziehbare Basis, mit der sich solche Themen sachlich und vor allen Dingen verstehbar behandeln lassen. Die Überraschung ist übrigens groß beim Vergleich solcher zahlen. Aber da auch das ein geistig mühsamer Weg ist, setzt man lieber auf statistisch nicht relevante, aber dafür um so eindrucksvollere Einzelschicksale. Das weckt Emotionen und ist dadurch auch viel wirkungsvoller. Das ganze auch noch mittels drohenden Zeigefinger verstärkt, eine typische Geste von Bevormundern und die, die es gerne werden wollen.

Wirklich perfide ist eine weitere, im ersten Moment gar nicht wahrnehmbare Art der Bevormundung. Nämlich durch weglassen, ignorieren oder nicht einladen. Mit gutem Beispiel voran gehen hier des öfteren zwangsbezahlte Medienanstalten. Werden zu einem bestimmten Thema (Lebensmittel, Umwelt, Flüchtlinge etc.) lediglich die Befürworter einer Sache und nicht die Kritiker zu einer Talkshow eingeladen, kann man sich leicht ausmalen, welch Weltbild da in den Köpfen der Zuschauer entstehen soll. Besser noch, wenn nur ein Kritiker, also nur ein "Bösewicht" und gleich mehrere "Gutmenschen" eingeladen werden. Also so etwas wie ein moderner Gladiatorenkampf mit unfairer Verteilung der Kämpfer. Genug Claqueure werden zum passenden Thema auch gleich mitgebracht, so scheint es zumindest. Da wird nicht nur im "richtigen Moment" ordentlich Beifall geklatscht, das erhöht auch gleichzeitig den psychischen Druck auf denjenigen, dessen Meinung vom politischen Mainstream abweicht. Auf Biegen und Brechen soll dem Zuschauer das passende Weltbild eingetrichtert werden. Na ja, wenn die Richtung stimmt, übersieht man ja gerne das eine oder andere.

Am schlimmsten ist die "Kollektiv-Bevormundung". die längst stramm sozialistische Züge angenommen hat. Hierbei geht es darum, dass sich mehrere zusammenfinden und der Meinung sind, viele andere müssen etwas tun oder etwas unterlassen. Bestes Beispiel sind die neuerdings massenweise in der Öffentlichkeit in Erscheinung getretenen Demonstranten, so etwas wie die "grünen Khmer". Diese protestieren gegen das in deren Köpfen klimaschädliches Verhalten der Menschheit, siehe auch das fünfte Kapitel. Hier müsse - mit aller Gewalt(!) - ein Umdenken stattfinden, wenn nicht, dann geht die Welt irgendwie unter. Diese Bevormunder haben die Möglichkeit, ordentlich zu bevormunden ohne Gesicht zeigen zu müssen. In der Demonstrantenmasse kann man anonym und auch gern mal vermummt andere unter Androhung von Gewalt zu Handlungen zwingen.

Kann man sich gegen diese Art von Bevormundung wehren?

Im Prinzip ja, aber es gibt auch Ausnahmen. Anders als bei der staatlichen Bevormundung, die ja letztendlich immer mit Waffengewalt durchgesetzt wird (wer seine Rundfunkbeiträge nicht bezahlt, wandert ins Gefängnis) oder bei denen, die mit Gewalt drohen, ist es bei der gesellschaftlichen Bevormundung durch einzelne so, dass man da gar nicht hinhören muss. Besser noch, so fern dies mit einem potentiellen Bevormunder überhaupt möglich ist und dieser auch dazu bereit ist, ist der Versuch, sich dem Thema mit sachlichen Argumenten zu nähern. Zumindest erscheint es vorteilhaft, auch hier - wie so oft - seinen eigenen Verstand zu benutzen. Im richtigen Moment ein fachlich korrektes Gegenargument eingebracht oder eine unerwartete Frage gestellt wirft den emotional aufgeladenen Streithammel leicht aus der Bahn. Aber nur, wenn dieser auch fähig und gewillt ist, Sprache zu verstehen.

Und, zu guter Letzt, wenn der Süchtige mit seinem Verlangen nach Bevormundung im zwischenmenschlichen Bereich nicht Fuß fassen kann, schafft er sich ein Tier an. Natürlich keine Fische, keine Katzen und auch kein Terrarium mit Schlangen oder Spinnen. Alles Tiere, die nicht gehorchen wollen, die sich einfach nichts sagen lassen. Der Bevormundungssüchtige sucht sich Tiere, die sich unterordnen können, beispielsweise Hunde oder Pferde. Also auch Herdentiere wie der Bevormundungssüchtige selbst. Herdentiere, die auch in Hierarchien leben und - das entscheidende - Herdentiere, die den Menschen als Leittier anerkennen. Welch ein wunderbarer Segen für einen Bevormundungssüchtigen, endlich Kreaturen, die dressierbar sind! Solche Tiere sind zu bedauern.

Mit der richtigen Brille betrachtet, verwundert auch diese individuelle Bevormundung nicht. Offensichtlich handelt es sich dabei auch nur um eine Handlung, die aus dem tiefsten innersten kommt. Anatomisch gesprochen aus dem Zwischenhirn. Auch das Zwischenhirn ist nicht vernünftig und - lediglich - Teil eines Organes, dass in einer weit zurück liegenden Vergangenheit zum überleben in der Savanne bzw. im Urwald herausselektiert wurde. Einer Vergangenheit, in der der Kampf ums überleben wirklich ein Kampf war.

Das letzte Kapitel
Gibt es einen Ausweg?

Was fällt auf beim betrachten der vorangegangenen Kapitel? Gibt es da
irgend ein Zusammenhang? Irgendwelche Parallelen? Ja, die gibt es
natürlich, deswegen ja dieses Buch. Interessanterweise werden diese
Parallelen verstärkt von denen wahrgenommen, die gerade nicht mit
dem Strom schwimmen wollen. Also nicht die Schafe der Gesellschaft.
Auch nicht die, die Kollektivismus predigen oder die, die gerne
herumkommandieren möchten.

Wahrgenommen wird dies von all denen, die gern ihr eigenes,
selbstbestimmtes Leben leben wollen. Und die auch wollen, das andere
ihr eigenes Leben leben. Und zwar so, wie es jeder für sich selbst
entscheidet. Es sind die Individualisten, die all diese freiheitsraubenden
Versuche der bevormundungssüchtigen Mitmenschen wahrnehmen und
auch ertragen müssen. Es sind die freiheitsliebenden Menschen, die
hochsensibel für fremde Eingriffe in ihr Leben sind und überall ähnliche
Mechanismen erkennen.

Der Rückblick auf die einzelnen Kapitel in diesem Buch zeigt lediglich
verschiedene Auswirkungen einer - man kann es gar nicht anders
beschreiben - angeborenen biologischen Funktion. Ventile eines Triebes.
Wie schon im ersten Kapitel beschrieben, angeboren wohl deswegen,
weil auch andere uns verwandte Arten aus dem Tierreich sich, sofern in
Gruppen lebend, oft genug hierarchisch organisieren. Sich hierarchisch
zu organisieren heißt ja nichts anderes, als dass einige Macht auf andere
ausüben.

Und, ähnlich dem Sättigungsthermostat im menschlichen Organismus, der - ursprünglich Richtigerweise - immer etwas höher eingestellt ist als für ein Leben in der Zivilisation notwendig und damit auch den Grund für unseren ständigen Kampf mit dem Übergewicht liefert, ist wohl auch der Regler für den Bevormundungsdrang für ein Leben in der Zivilisation etwas zu hoch eingestellt. Das kann dann bei einigen Strategen auch mal zu einer sagen wir ruhig mal krankhaften Sucht ausarten. Man muss dafür noch nicht einmal die vorangegangenen Kapitel durchlesen, es reicht, sich in der Gesellschaft ein wenig umzusehen.

Und weiter, dieser Regler für den Bevormundungsdrang ist nicht nur zu hoch eingestellt, auch die Streuung der voreingestellten Werte für diesen Bevormundungsregler scheint erheblich. Deswegen gibt es in der Gesellschaft ja nicht nur Alphatiere und die, die eifrig drum kämpfen, es auch irgendwann einmal zu werden. Es gibt auch mehr als genug Schafe unter uns. Also Menschen, die tatsächlich damit einverstanden sind, herumkommandiert zu werden.

Der Gedanke drängt sich förmlich auf, ob vielleicht auch diese Schafe mit verantwortlich sind für das dann ungebremste Agieren der Alphatiere und, im Sinne dieses Buches, damit ihre Bevormundungssucht ausleben. Von Friedrich Schiller stammen die hierzu passenden Worte: "Die Großen werden aufhören zu herrschen, wenn die Kleinen aufhören zu kriechen."

All das klingt für die Beschreibung von biologischen Systemen und Funktionen ziemlich abstrakt und insbesondere für die Gleichschalter aus dem linken und dem grünen Spektrum ziemlich abstoßend. Das mag aus deren sich so sein. Die aus allen Ecken plötzlich auftauchenden Kritiker gehen sicherlich auch schon ordentlich auf die Barrikaden. Jedoch, sie sollten nicht zu früh zum Angriff übergehen.

Der Vergleich ist durchaus statthaft, sind doch alle Systeme und Funktionen im menschlichen Organismus, und dazu zählen selbstverständlich auch die psychischen, also nicht nur die Regler für die Körpertemperatur oder den Sauerstoffgehalt im Blut, vergleichbar mit von Menschenhand geschaffenen mechanischen und elektrischen Systemen. Und das gilt mit Sicherheit auch für die Sucht, andere zu Bevormunden. Man sollte sich nur nicht von der vordergründigen Komplexität blenden lassen, das ist nur Fassade. Aber auch diese Weisheit ist nicht neu, Pierre Simon Laplace hatte schon vor 200 Jahren treffend formuliert: Alle Wirkungen der Natur sind nur die mathematischen Folgen einer kleinen Anzahl unveränderlicher Gesetze.

Aber nochmal, gibt es einen Ausweg?

Um es kurz zu machen, wahrscheinlich nicht. Denn der menschliche Organismus ist seit der Steinzeit nur noch bedingt der Evolution ausgesetzt. Veränderungen (also Mutationen) werden nicht mehr heraus selektiert sondern medizinisch behandelt. Wir verändern unser Erbmaterial nicht mehr. D.h. wir laufen herum mit unserem Steinzeit-Organismus inkl. Steinzeit-Betriebssystem und versuchen damit in unserer zivilisierten Welt zurechtzukommen. Das klappt nicht immer so perfekt, wie wir es gerne hätten. Zwar tragen Erziehung und Bildung dazu bei, dass wir ordentlich miteinander umgehen, der Einfluss unserer Vernunft auf unser Verhalten ist aber alles andere als perfekt. Auch das mag den Unwissenden überraschen und das ist mal bedauerlich, mal die

Würze im Leben und sicherlich auch mal wunderbar. Aber daran lässt sich auch erkennen, welch archaischen Kräfte da in unserem Innersten herrschen. Und damit ist die Frage, ob es denn einen Ausweg gebe, eigentlich schon beantwortet.

Wer bei einer grölenden Menschenmenge, beispielsweise im Fußballstadion oder bei einer Demonstration, die jeweiligen Individuen in ihrem Verhalten einmal ganz genau beobachtet, dem wird Angst und Bange. Man muss aber da schon richtig hinsehen, am besten mit dem Blick eines Zoologen. So, als würde man eine Herde Tiere beobachten.

Man wird feststellen, dass Menschen im Kollektiv oft genug ihren Verstand nicht mehr gebrauchen. Je "dichter" die Menschen zusammenhängen, desto mehr verlässt sich der eine auf den anderen. Einfach mitlaufen oder mitmachen, das reicht völlig aus. Man muss nur das tun, was die anderen auch tun, dann passiert einem ja nichts - glaubt man zumindest. Ähnlich den Gnus in Afrika beim Überqueren des Mara-Flusses. Die fühlen sich innerhalb der Herde auch sicher, selbst wenn das eine oder andere Individuum von den Krokodilen gefressen wird. Und je mehr die Menschen auf sich allein gestellt sind, desto mehr müssen sie (schon wieder Kant...) den Mut haben, ihren eigenen Verstand zu benutzen. Erst wenn die Menschen sich aus den Fesseln ihrer Horde nicht nur körperlich, sondern auch wirklich geistig befreit haben, handeln sie wie selbständige Individuen. Weil sie es dann müssen.

Vorher nicht.

Aus den bisherigen Beschreibungen einiger Zusammenhänge in diesem Kapitel lässt sich eine gewagte Erkenntnis ableiten, die sicherlich nicht jedem Zeitgenossen ins eigene Weltbild passt. Dass nämlich der Zivilisationsgrad einer Gesellschaft im umgekehrt-proportionalem Verhältnis zum dort herschenden Bevormundungsgrad steht. D.h. Gesellschaften, in denen viel herumkommandiert wird, insbesondere auch von Regierungen und Kirchen (Kommunismus, Sozialismus, bestimmte Religionen, usw.), scheinen oft nicht sehr weit entwickelt, was recht gut zu erkennen ist z.B. an der durchschnittlichen Lebenserwartung der Menschen die da leben, während Gesellschaften mit einem hohem Freiheitsgrad zivilisierter erscheinen. Um gleich die sich reflexartig anbahnende Anarchie-Keule - wieder mal - abzuwehren, ein hoher Freiheitsgrad heißt nicht, dass jeder machen kann was er will. Um es nochmal zu sagen: Ein hoher Freiheitsgrad heißt zunächst, dass keinem willkürlich die Freiheit eingeschränkt oder gar genommen wird.

Und die Zukunft ?

Die Freiheit einer Gesellschaft wird von den Bevormundungssüchtigen in hauchdünnen Scheibchen ganz langsam immer weiter beschnitten. "Schafe" lassen so etwas auch mit sich machen. Hier eine minimale Erhöhung der Steuer von was auch immer und da eine neue Vorschrift, was man nicht mehr sagen oder machen darf. Das geht solange gut, bis wieder der großen Knall in Form eines Aufstandes oder einer Revolution kommt, wie z.B. 1989, als die Menschen in der damaligen DDR einfach durch die Grenze in den Westen gelaufen sind.

D.h. die Kurve der Bevormundung (oder die der Freiheitsberaubung) verläuft sägezahnartig. Strittig sicherlich die Frage, wo wir uns hier in

Deutschland gerade heute befinden. Sehr wahrscheinlich auf einem absteigenden Ast. Zumindest lässt sich das aus der ganz langsam aber doch stetig wachsenden Bevormundung ableiten.

Nun denn, eine kluge Gesellschaft bildet sich und lebt in echter Freiheit. Eine dumme Gesellschaft ist geistig arm und bevormundet.

Danksagung

Ohne die nachfolgenden klugen Geister wäre dieses Buch nie entstanden:

François-Marie Arouet Voltaire

Hoimar von Ditfurth

Immanuel Kant

Isaac Asimov

Ludwig von Mises